KB038499

안녕, 열여덟 어른

안녕, 열여덟 어른

자립준비청년이 마주한 현실과 남겨진 과제

초판 1쇄 발행 2023년 1월 13일
초판 4쇄 발행 2024년 6월 1일

지은이 김성식

책임편집 윤소연 일러스트 김진식
마케팅 임동건 경영지원 이지원

펴낸이 최익성 출판총괄 송준기
펴낸곳 파지트 출판등록 제2021-000049호

주소 경기도 화성시 동탄원천로 354-28
전화 070-7672-1001 이메일 pazit.book@gmail.com 인스타 @pazit.book

ISBN 979-11-92381-30-5 03300

안녕,
열여덟 어른

김성식 지음

자립준비청년이 마주한 현실과 남겨진 과제

pazit

이 책은 2019년 5월부터 2022년 12월 현재까지 아름다운재단에서 진행 중인 '열여덟 어른 캠페인'을 바탕으로 썼다. 캠페인 팀장으로서 캠페인을 기획하고 진행하며 자립준비청년들을 만나고 겪은 일들과 문제를 해결하기 위해 고민했던 이야기들을 담았다. 책에 나오는 자립준비청년들의 이름은 대부분 이니셜로 표기했으나 이는 숨기거나 밝히기 어려워서가 아닌, 많은 이들의 이야기를 대신 전하는 방식으로, 보편적인 자립준비청년들의 삶을 표현하고자 했음을 밝혀 둔다. 실제 열여덟 어른 캠페인에서 이들은 실명과 얼굴을 밝히고 당당히 자신의 이야기를 전했음을 알린다.

이 책의 본문은 '을유1945' 서체를 사용했습니다.

프롤로그

인식에 이르는 길

열여덟 어른*들을 가까이서 만나 대화를 나누고, 이들의 삶을 알게 될수록 내 삶을 돌아보게 되었다. 자라온 환경이 다르고, 20대 청춘의 문제와 40대가 고민하는 문제는 다르다. 하지만 한 인간으로서 겪어야 하는 삶의 모양은 비슷하다는 것을 깨달았다. 이 책은 열여덟 어른을 가까이에서 지켜보고 느낀 것을 적은 것이지만 실은 내 삶의 고백이기도 하다.

자립준비청년들과 프로젝트를 기획하면서 내가 가장 많이 했던 말은 "괜찮아"였다. 실패해도 괜찮고, 결과보다 과정이 중요하다고 말했다. 솔직한 고백만으로도 의미가 있으

* 열여덟 어른이란, 만 18세에 아동복지시설을 퇴소하여 홀로 세상에서 살아가는 자립준비청년을 일컫는 말이며, 열여덟 어른 캠페인의 네이밍으로 사용되기도 했다. 이 책에서는 자립준비청년, 열여덟 어른, 당사자, 캠페이너, 보호종료아동, 보호대상아동 모두 자립준비청년을 뜻하는 말로 사용했다.

니 스스로를 믿으라고 격려했다. 나는 자립준비청년들이 가진 '자기다움'의 매력에 집중했고, 그것을 느끼고자 했다.

그 질문들이 오롯이 나에게 다시 돌아왔다. 글을 쓴다는 사실이 여러 이유로 망설여졌다. 내가 직접 겪은 일이 아닌데 말해도 될까. 혹시 잘못 말하는 것들이 있지 않을까.

그때 열여덟 어른들이 했던 고백이 나에게 용기를 주었다. 열여덟 어른 캠페이너들의 위대한 점은 그렇게 많은 부끄러움에 맞선 것이다. 부끄럽게 여겼던 기억들을 인생의 노상에 깔아두고 지나가는 이들이 보도록 한 것이다. 그렇게 나도 부끄러움을 내어놓고 글을 써야 하는 이유에 직면했다.

열여덟 어른 캠페인이 알려지면서 많은 창작자들과 언론으로부터 연락이 왔다. 나는 자립준비청년들을 연결해 주는 통로로서 자립준비청년들의 이야기가 더 많은 사람들에게 알려지기를 바랐다. 그러나 기대만큼 복잡다단한 문제의 본질이 다뤄지지는 않았다. 이런 일이 반복되면서 누군가의 손을 빌려 이야기를 전하는 것이 아니라 직접 이들을 만나면서 느낀 것을 전하고 싶어졌다.

"안녕, 열여덟 어른"

나는 지난 4년간 많은 당사자들을 만나며 '안녕' 인사를 나누고 서로 알아가는 시간을 가졌다. 이 책을 통해서 독자분들 역시 '열여덟 어른의 세계'를 경험하고 느끼며, 이들과 인사하고 대화 나누는 시간이 되기를 바란다.

목차

1 열여덟 어른이 살아간다

2 우리는 어떤 질문을 해야 하는가

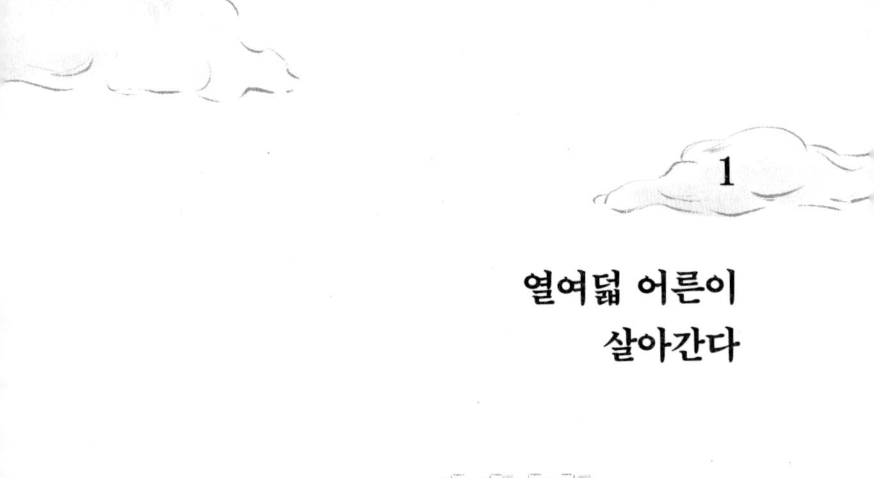

1

열여덟 어른이 살아간다

열여덟 어른을 만나다

만 18세가 되면 보육원을 나와 홀로 살아가야 하는 이들이 있다. 나는 이전 회사에서 보육원 아이들을 지원하는 사업을 했음에도, 막상 이들이 어른이 되어 어떻게 살아가는지 깊이 생각해 본 적이 없었다. 사회에서도 이들은 주인공이 아닌 기업 후원 뉴스나 NGO 후원 광고 구석 자리에 위치해 있을 뿐이었다. 세상에 나온 이들을 다시 만난 곳은 현실 세계가 아닌, 드라마 속이었다. "고아 새끼라더니 싹수가 없구만"이라는 대사와 함께.

보호가 필요한 아동들을 돕고 보살펴야 한다는 사회의 요구에는 누구도 반대하지 않았다. 그러나 성인이 된 드라마 속 이들(고아 캐릭터)은 세상에서 가장 악하고 약한 사람들이었다. '고아 새끼'라는 말을 퍼붓는 폭력 앞에서 이들은 아무런 대항도 못 하고 있었다. 어떤 드라마에서는 온갖 범죄를 저지르고 다니는 범인이나 살인자의 모습으로 나타났다. 불과 얼마 전까지는 모두가 도우려 했던 보호아동이었는데, 왜 어른이 된 이들은 우리 앞에 이런 모습으로 등장했을까. 왜 우리는 이렇게 대하고 있을까. 이런 왜곡된 세계에서 잘 살아가고 있는지 궁금해졌다.

이들은 누구이며 어떻게 살아왔는지 우리는 잘 알지 못한다. 왜 보육원에서 자라게 되었는지, 어떤 환경에서 자랐는지도 모른다. 만 18세 이른 나이에 퇴소하여 홀로 살아간 이들에게 세상은 어떤 의미였는지 알고 싶어졌다. 2019년 자립준비청년을 위한 열여덟 어른 캠페인을 준비하면서 이들을 만나기로 했다. 이때부터 나는 한 질문에 부딪혔다.

"왜 이들은 숨어야 할까?"

범죄자도 아니고 부끄러운 일도 아닌데 직접 만나는 것은 어려웠다. 단지 다른 환경에서 자랐을 뿐인데 이를 밝히는 것이 왜 약점이 돼야 할까.

지난 몇 년간 '자립준비청년'에 쏟아진 관심과 응원은 정말 놀라울 정도였다. 언론과 대중의 관심은 뜨거웠고 정부

정책 개선안이 연이어 발표되었다. 그렇게 해피엔딩일 것 같았지만 슬프게도 이 문제는 현재 진행형이다.

얼마 전 세상을 떠들썩하게 했던 슬픈 뉴스가 보도되었다. 보육원을 퇴소한 광주의 한 자립준비청년이 "아직 읽지 못한 책도 많은데"라는 가슴 저미는 마지막 말을 남기고 세상을 떠났다는 소식이었다. 얼마 후 같은 지역의 또 다른 청춘이 피지도 못 하고 지고 말았다. 정책이 발표되었고 자립준비청년 문제도 개선되어 간다고 생각하던 와중에 벌어진 일이라서 많은 사람들이 당황하고 놀랐다. 각계각층에서 분주히 대책을 마련하려는 노력이 보이는 요즘이다. 정부의 특별 대책이 발표된다는 소식과 함께 대통령 간담회도 열리고 국무총리실도 바쁘게 돌아가고 있다. 하지만 이런 비극이 다시 벌어지지 않기 위해서는, 서둘러 정책을 발표하는 것만큼이나 머리를 맞대고 숙고하는 시간이 필요하다는 생각이 들었다.

"왜 숨어야 할까?" 4년 전 캠페인을 시작하며 가졌던 질문은 아직도 풀지 못한 숙제로 남아 있다. 이 문제를 풀 수 있다면, 그리고 이 질문이 모순이라는 것을 알게 된다면 이런 비극적인 일들은 줄어들지 않을까. 알면 알수록 자립준비청년들이 감내해야 하는 현실은 간단하지 않았다. 자립정착금, 주거 지원이 확대되었지만 또 다른 측면의 빈구석들이 발생했다. 그래서 문제 현상 너머에 어떤 삶의 과정이 있는지, 왜 이런 문제들이 반복되고 있는지 말하고 싶었다.

열여덟 어른의 곁에서 이들의 삶을 보았다. 성장 과정을 간접적으로나마 볼 수 있었고 우리 사회가 무엇을 고민해야 하는지 조금이나마 느낄 수 있었다. 하지만 이 책을 다 읽는다 해도 명쾌한 정답을 얻기는 어려울 것이다. "어떻게 행복한 삶을 살 수 있을까"라는 질문에 간단히 대답하기 어려운 것처럼, 자립준비청년의 문제도 복잡하고 어렵다. 복잡하고 어려운 문제를 간단하고 빠르게 해결하고자 하는 것은 문제를 반복시키는 것일지도 모른다.

한 번에 해결하기 어렵다는 것을 인정하고, 개인이 할 수 있는 범위도 한정적이라는 것을 받아들여야 할 것이다. 하지만 동시에 우리가 바꿔갈 수 있다는 희망도 함께 품기를 바란다. 거창한 한 걸음보다, 개개인이 할 수 있는 작은 것부터 관심을 갖는 시작이 되기를 바란다.

이 어려운 문제를 다양한 측면에서 이리저리 살펴보는 시간이 있다면 언론이나 인터뷰만으로는 알 수 없는 숙제들이 보일 것이라는 기대를 갖고 있다. 그렇게 각자의 자리에서 무엇을 해야 할지 고민한다면 문제 해결의 실마리가 보이지 않을까. 그렇게 열여덟 어른이 살아가야 하는 세상이 조금씩 바뀌기를 기대한다.

생애
첫 기억

"생애 첫 기억은 뭐예요?"

자립준비청년들은 어린 시절로 돌아가 소중히 간직했던 이야기들을 들려줬다. P는 햇빛이 쨍쨍 내리쬐는 어느 날, 이모라 부르는 선생님의 손을 잡고서 매미 소리가 들려오는 시골 보육원의 언덕을 걷고 있었던 것이 인생의 첫 장면이다. 일본 만화 특유의 감성이 연상되는 여름 느낌이었다고 했다. K는 "보육원 안 내리막길을 뛰어 도망가고 있었고, 선생님들은 쫓아오고 있었어요"라며 밝게 웃으며 말했다.

모든 자립준비청년들의 첫 기억이 따듯했다면 좋았을 텐데, 그렇지 않은 기억들이 더 많았다. H는 엄격하고 무거운 분위기에 눌려 긴장한 아이들을 떠올렸다. 아이들은 선생님의 지시에 따라 움직이고 있었다. 이렇게 어릴 적부터 맡겨진 경우에는 보육원에서 인생의 첫 장이 기록된다.

양육을 책임지는 '엄마 선생님', 보육원 승합차를 운전하고 규칙을 어기면 무섭게 혼내는 '삼촌 선생님'도 있다. 티격태격하는 또래 친구들은 형, 누나, 동생들이다. 다양한 가족 형태가 있는 것처럼 보육원은 인원이 조금 많은 가족일 뿐이다. 하지만 당연하게 생각했던 가족의 세계에 균열이 생기는 순간이 찾아온다. 남들과 다르다는 것을 깨닫는 순간이다.

어느 날 문득 자립준비청년들은 자신의 엄마에게 다른 아이들도 엄마라고 부르는 것이 이상하게 느껴졌다고 한다. 새로운 선생님이 올 때마다 엄마라고 불렀으니 엄마가 자주 바뀐 셈이다. 누가 가르쳐 주지 않아도 이상하다는 것을 저절로 느꼈다. 단체로 놀이동산에 가기도 했는데, 똑같은 옷을 입고 일렬로 줄을 맞추어 놀이기구를 타다 보면 많은 가족들이 눈에 보였다. 엄마, 아빠와 손을 잡고 다니는 아이를 보면서 '일반적인 가족은 저런 모습이구나'라며 자연스럽게 남들과 다르다는 것을 깨닫게 되었다.

생애 첫 기억이 보육원이 아닌 아이들도 있다. 생각보다 많은 자립준비청년들이 원가족과 살다가 보육원에 중도 입소한다. 보육원에서 산다고 하면 대부분 부모님이 없어서 보육원에서 자란다고 생각하지만 많은 아동들이 빈곤, 이혼, 아동 폭력 등 다양한 이유로 중도에 입소하게 된다.

비록 같이 살지 못하더라도 원가족이 있다는 것은 부러움을 사는 일이다. 원가족 유무에 따라 아이들은 '진짜 고아'냐 아니냐를 따지며 싸운다. 원가족이 없다는 것은 그들의 세상에서도 약점이고 결핍이 된다. 이럴 때면 얼굴도 모르는 부모님이 더욱 그립고 원망스러워진다.

원가족 여부는 명절이나 주말에 더 중요해진다. 가끔은 원가족으로 돌아가 주말을 지내고 올 수 있기 때문이다. 그러나 이것 역시 괴롭고 슬프다. J는 매주 헤어질 때가 되면 아버지의 옷깃을 잡고서 보육원에 다시 들어가지 않겠다고 조르곤 했다. 보육원에 돌아온 후에는 친구들의 질투 섞인 놀림을 받았다.

자립준비청년들이 살아온 세상은 어떤 곳인지 궁금했다. 태어나면서부터 자립할 때까지 어떤 삶을 살았는지 알아야 이들을 이해할 수 있으리라 생각했기 때문이다. 생애 첫 기억은 자립준비청년을 이해할 수 있는 시작이었다. 슬프게도 자립준비청년들이 기억하는 세상의 첫 모습은 남들과 조금 다른 세상이었다. 이런 이유로 이들은 다른 세상에 맞춰서 자라야만 했을 것이다. 생애 첫 기억은 차갑고 엄격하기보다 따듯하고 다정한 세상이어야 한다. 꼭 부모님의 품이 아니어도 따듯하고 안전한 세상일 수는 있지 않을까. 이들이 건강하게 잘 살아갈 수 있도록 어떤 첫 기억을 선물할 수 있을지 고민해야 한다.

자립준비청년이란

매년 약 2,400명 정도의 자립준비청년들이 세상에 나오고 있다. 하지만 자립준비청년은 우리에게 여전히 생소한 용어이다.

자립준비청년이란 아동복지시설(보육원, 그룹홈, 가정위탁)에서 보호를 받다가 만 18세에 퇴소하여 홀로 살아가는 이들을 말한다. 자립준비청년이라는 이름으로 불리게 된 것도 얼마 되지 않았다. 얼마 전까지는 '보호종료아동'으로, 그 이전에는 '시설퇴소아동'으로 불렸다. 법적으로 성인이 되었다는 의미로 만 18세에 퇴소시키는 것인데, 그간 아동으로 불렸다니 아이러니하다.

자립준비청년은 퇴소 전, 시설에 있을 때는 '보호대상아동'으로 불린다. 보호대상아동은 보호자가 부재하거나 보호자가 양육 능력이 없을 경우의 아동을 말한다. 보호가 필요한 아동이 발생 시 접수 및 조치를 통해 아동복지시설에 맡겨지게 된다. 흔히 부모님이 안 계셔서 고아가 되어 아동복지시설에 맡겨졌다고 생각하기 쉽지만 의외로 이들은 다양한 이유로 보호대상아동이 된다. 부모의 사망을 비롯하여 이혼, 학대, 비행, 가출, 부랑, 빈곤, 실직, 유기 등의 이유로 더 이상 양육이 어려울 경우 아동복지시설에 맡겨져 자라게 된다.

보호아동들이 자라는 시설은 유형에 따라 크게 3가지로 구분된다.

아동양육시설(보육원)*

대규모의 아동을 수용하는 대표적인 아동복지시설이다. 보육원의 시작은 한국전쟁까지 거슬러 올라간다. 한국전쟁 이후 전쟁 고아들이 많이 발생했고 이를 수용할 수 있는 대규모 시설이 필요했던 것이다. 이후 오랜 기간 보호대상아동들이 안정적으로 보호받고 의식주를 제공받으며 자랄 수 있도록 운영되고 있다.

* 예전에는 고아원으로도 불렸지만 차별적 표현으로 인해 고아원이라는 명칭은 더 이상 사용하지 않는다.

공동생활가정(그룹홈)

5~7명 이내의 소규모 인원이 거주하는 아동복지시설을 말한다. 보호대상아동이 최대한 일반 가정*과 비슷한 환경에서, 양육자와 친밀함을 쌓고 아동 개개인에게 맞춰 양육해야 한다는 필요에 따라 만들어진 시설이다. 보육원에 비해 양육자가 소수의 인원을 담당하기 때문에 관계 형성에 유리하고, 일반 가정과 같은 환경에서 양육이 가능하다는 것이 장점이다. 최근 전인격적인 양육의 중요성이 강조되면서 그룹홈에 대한 관심이 높아지고 있다.

가정위탁

아동복지법이 정한 기준에 적합한 가정에 보호대상아동을 일정 기간 위탁하여 양육하는 제도이다. 가정위탁은 대리양육, 친인척위탁, 일반가정위탁으로 구분된다.

대리양육은 조부모가 양육하는 경우로, 흔히 말하는 조손 가정을 뜻한다. 다만 부모님의 부재를 대신해 할머니, 할아버지가 양육하는 경우가 많다 보니 대리양육가정에서 자

* 시설 거주 환경과 구분하기 위해 일반 가정으로 명명한다.

란 자립준비청년들은 본인들이 자립준비청년이라는 것을 잘 모르는 경우가 있다. 친인척위탁은 민법상 8촌 이내 혈연 관계에 있는 가정에 의한 양육을 말한다. 흔히 이모, 큰아버지 집에서 자라는 경우가 해당된다. 일반가정위탁은 아동과 혈연적인 관계가 없는 일반인에 의한 양육이다. 위탁가정 신청 기준에 부합되면 일정 기간 아동을 양육할 수 있다. 위탁가정이 되기 위한 자격 조건은 다음과 같으며(아동복지법 시행규칙 제2조 위탁가정의 기준), 가정위탁을 희망하는 사람은 반드시 예비위탁부모교육을 받아야 한다.

① 위탁아동을 양육하기에 적합한 수준의 소득이 있는 가정

② 위탁아동에 대해 종교의 자유를 인정, 건전한 사회 구성원으로 자랄 수 있도록 양육과 교육이 가능한 가정

③ 25세 이상(부부인 경우 부부 모두)으로 위탁아동과의 나이 차이가 60세 미만인 경우(특별시장·광역시장·도지사·특별자치도지사 또는 시장·군수·구청장이 위탁아동을 건전하게 양육하기에 적합한 환경이라고 인정하는 경우에는 그러하지 않음)

④ 자녀가 없거나 자녀(18세 이상 제외)의 수가 위탁아동을 포함하여 4명 이내

⑤ 가정에 성범죄, 가정폭력, 아동학대, 정신질환 등의 전력이 있는 사람이 없을 것

⑥ 그 밖에 보건복지부장관이 필요하다고 인정하는 기준

일반가정위탁은 가정에서 돌봄을 받는다는 것이 입양과 비슷하지만, 보호종료 후에는 자립해야 한다는 점에서 차이가 있다. 선진국들은 시설 양육에서 벗어나 가정위탁제도를 적극적으로 활용하고 있으며, 미국과 영국 같은 경우에는 가정위탁제도 중심으로 전환된 지 이미 오래다.

보호대상아동은 위 3가지 시설에서 지내다가 만 18세가 되면 퇴소를 한 후, 자립준비청년으로서 정부의 지원을 받게 된다. 최근 보호대상아동들을 일반 가정과 유사한 환경에서 양육해야 한다는 목소리가 높아지면서 그룹홈이나 가정위탁이 주목받고 있지만 오랜 시간 대표적인 아동복지시설로서 보육원이 존재해 왔고, 보육원 출신의 자립준비청년들이 표면적으로 많이 보였던 것도 사실이다. 그러다 보니 자립 지원 제도들이 보육원 중심으로 설계되어 있는 경우가 많고 그룹홈과 가정위탁의 경우에는 자립 정보가 미흡하거나 자립 교육을 위한 인프라가 부족한 실정이다.

퇴소 후
지원 정책

퇴소 연령

보호조치 중인 보호대상아동의 연령이 18세에 달하였거나, 보호 목적이 달성되었다고 인정되면 그 보호 중인 아동의 보호조치를 종료하거나 해당 시설에서 퇴소시켜야 한다.

— 아동복지법 제16조

보호대상아동은 아동양육시설에 맡겨진 후 만 18세까지 시설의 보호 아래에서 자란다. 만 18세를 기준으로 퇴소를 하는 이유는, 법적으로 성인이 되었다는 의미 때문이다. 하지만 아동복지법에 따르면 만 18세부터 성인이 되지만, 민법상으로는 만 19세 미만은 미성년자이다. 그러다 보니 만

18세 퇴소 후 만 19세까지는 법정대리인이 없는 미성년자 신분이 되는 문제가 생긴다. 그렇기 때문에 이들은 핸드폰 개통 및 부동산 계약 등 여러 법적 계약 시 어려움을 겪게 된다.

일반적으로는 고등학교 졸업과 함께 퇴소를 하며, 이전에는 대학교나 직업 학교 등에 진학한 경우에 한해서만 졸업할 때까지 퇴소를 유예할 수 있는 연장보호제도가 있었지만 최근 희망자에 한해 만 24세까지 시설에 머무를 수 있도록 법이 개정되었다.

자립 지원금

자립준비청년은 퇴소를 하면서 정부로부터 크게 3가지 유형의 경제적 지원을 받는다.

1) 자립정착금

자립정착금은 일시에 주는 지원금으로, 2021년까지 대부분의 지자체에서 500만 원을 지원했으나 연이은 정책 개선안이 발표되며 1,000만 원 이상 지원할 것을 권고하고 있다. 현재 대부분의 지자체에서는 800만 원 정도로 지원금이 상향되었다. 가장 많이 지급하는 지역은 서울 일부 지역과 경기도로 1,500만 원까지 지급하고 있다.

아쉬운 점은 지자체별로 예산을 지급하다 보니 지역에 따라 자립준비청년들의 자립지원금의 편차가 생긴다는 것이다. 지난 2012년에는 보육원 퇴소아동은 3~500만 원, 그룹홈 퇴소아동과 가정위탁 종료아동은 0~500만 원까지 차이가 있었다. 이는 지자체에서 예산을 책정하기 때문인데, 지자체별로 다른 금액을 받게 됨으로써 당사자 사이에서 운에 따라 금액이 바뀐다고 자조하며 자립정착금을 비교한다는 목소리가 있다는 것은 살펴봐야 할 지점이다.

자립정착금 제도는 자립에 있어 가장 먼저 거론되는 중요한 정책이다. 실제로 자립준비청년들은 주거, 생활비 등 필요한 곳에 요긴하게 사용하거나 미래를 위해 저축을 하기도 한다. 그러나 아주 적은 용돈을 받던 자립준비청년들에게 자립정착금은 갑작스럽게 생긴 목돈이다 보니 돈 관리에 미흡한 모습을 보이기도 한다. 무엇보다 퇴소할 때 목돈이 생긴다는 걸 알고 있는 주변 사람들로부터 사기당하는 사건들이 종종 발생한다는 것은 심각한 문제이다. 그렇기 때문에 자립정착금 지급뿐 아니라 관리할 줄 아는 능력을 키워줘야 한다. 또한 자립정착금을 허비하지 않도록 지급 방식과 자립 환경에 대한 개선이 필요하다.

2) 자립수당

자립수당은 안정적인 생활을 위해 매월 5년간 지급하는 지원금이다. 2019년 첫 시범 사업으로 매월 30만 원을 지원하며 시행되었다. 자립정착금과 마찬가지로 2022년 정책 개선을 통해 35만 원으로 상향이 되었고, 현재는 40만 원으로 확대되었다.

자립수당은 일시적으로 수령하는 자립정착금과 달리 매달 지급받는 지원금이라서 한 번에 소비하거나 사기, 탕진 등의 위험이 줄어드는 장점이 있다. 또한 5년간 지급받기 때문에 일정 기간 경제적 부담이 완화되고 심리적 안정감을 받게 된다. 그러나 자립수당 또한 연령을 기준으로 지급하기 때문에, 개인별 자립 환경과 경제적 상황과 무관하게 지급 기간이 일률적으로 종료된다는 점이 아쉽다. 이는 퇴소 후 5년이 지나면 자립준비청년에 대한 정부의 지원이 끝난다는 메시지로 들릴 수 있으며, 자립준비청년에게는 5년 이내 자립을 해내야 한다는 부담으로 돌아오기도 한다. 그럼에도 지급 금액, 지급 기간이 확대되어 많은 이들이 지원받을 수 있도록 변하고 있다는 점은 환영할 만하다.

3) 개인 후원금(디딤씨앗통장)

개인 후원금은 보호대상아동일 때부터 개인 및 기업 기부자로부터 받아온 후원을 적립한 금액이다. 따라서 자립준비청년들마다 금액이 다를 수밖에 없다. 예를 들어 어떤 시설의 원장님은 후원금 유치를 잘해서 더 많은 후원을 받기도 하지만, 그럴 여력이 안 되는 작은 기관이나 개인 후원이 적은 지역의 경우에는 개인 후원금을 전혀 받지 못하고 나오는 경우도 있다.

이를 보안하기 위해 국가는 개인 후원금의 2배를 적립해 주는 디딤씨앗통장(CDA)이라는 제도를 만들었다(2021년까지는 1:1 비율로 매칭). 예를 들어 개인 후원금 1만 원을 저축하면 지방정부에서 후원금 2만 원을 적립해 주는 것이다. 디딤씨앗통장은 만 18세부터는 특정 목적(학자금, 취업훈련비, 주거비 등)으로 인출이 가능하고, 만 24세부터는 용도 제한 없이 쓸 수 있다. 연령별로 금리가 다르게 적용되는데, 만 24세까지는 시중 적금보다 금리가 더 좋아서 급하지 않으면 만 24세 만기가 도래할 때까지 꾸준히 적립할 것을 추천하기도 한다.

그러나 만기가 도래했음에도 돈을 찾아가지 않은 만 24세 이상 가입자가 4,000명이 넘는다는 언론 보도가 있었다. 이에 따른 만기 미해지 적립금은 74억 9,600만 원에 이른다. 찾아가지 않은 사례가 많은 가장 큰 이유는 자립준비청년들이 디딤씨앗통장이 있다는 것을 모르기 때문일 것으로 추정된다. 대개 아동복지시설의 장이 계좌를 대신 개설하고 관리를 해 주는데, 퇴소 과정에서 이런 사실을 잊었을 가능성이 있으므로 정부에서 더 적극적인 홍보와 대책이 필요하다.

퇴소 후 관리(자립지원전담기관)

아동복지시설에서는 자립지원전담요원*을 배치해 자립준비청년들(보호대상아동)의 자립을 준비하도록 한다. 자립준비청년은 퇴소 전부터 자립지원표준화프로그램에 따라 만 15세부터 자립지원계획을 수립하고 자립에 필요한 다양한 교육 및 평가, 지원을 받도록 되어 있다. 그럼에도 퇴소 후 의식주부터 예상치 못한 어려움을 홀로 감당하는 것은 어려운 일이

* 자립지원전담요원 : 양육시설·공동생활가정·위탁가정에서 보호되고 있는 동안의 체계적 자립 준비와 보호대상아동이 성인기 자립생활을 할 수 있도록 지원하는 직무를 수행하는 전문가
자립지원전담인력 : 보호종료 후 5년 이내 자립준비청년 기본 사후관리 및 자립지원통합서비스(맞춤형사례관리)를 제공하는 전문가

다. 이런 이유로 인해 자립준비청년들이 안정적인 생활을 할 수 있도록 5년 동안 자립정착지원 프로그램이 실시된다.

시기

보호종료 후 매년 1회 자립수준평가를 통한 모니터링 실시

내용

° 순조롭게 자립생활을 하고 있는지 자립생활 실행 확인 보호종료 전에 수립된 사후관리 계획서에 기초하여 정기적으로 점검
° 자립수준평가서를 정기적으로 작성하여, 보호종료 이후 순조롭게 지역사회에 적응하며 자립생활을 하고 있는지 점검
° 모니터링 과정 중에 자립생활을 지원하기 위하여 서비스 및 정보 제공 등을 할 필요가 있거나 특별히 주의 깊게 살펴봐야 할 내용이 있다면 사후관리 모니터링 기록지에 기록을 하고 이에 기초해서 이후 모니터링 실시
° 보호종료 이후 6개 영역 중 도움이 필요한 경우 자립지원 통합서비스로 연계
° ① 신체 및 정신적 건강 ② 학업 ③ 취업 ④ 주거 ⑤ 경제 ⑥ 사회적 관계*

* 자립지원업무매뉴얼, 보건복지부/아동권리보장원, 2022.

자립준비청년을 위해 퇴소 후 관리 시스템이 갖춰져 있다는 것은 다행이다. 그러나 효과적인 자립 지원을 위해서 바뀌어야 할 부분들도 있다. 위 내용처럼 자립수준평가를 위해서 자립 후 어떻게 사는지, 경제적 사정은 어떤지, 취업 혹은 대학 진학은 했는지 등을 조사하게 되어 있다. 그러나 자립준비청년들 입장에서는 이런 관리와 조사가 불편하게 느껴진다. 평생 아동복지시설에서 관리를 받으며 자랐는데 성인이 되어서도 잘 살고 있다는 관리를 받아야 하는 것이 어렵게 느껴지는 것이다. 혹시라도 심리적인 어려움을 겪고 있더라도 얼굴도 모르는 사람(자립지원전담인력)에게 내밀한 이야기를 하는 것이 쉽지 않았을 것이다. 이런 상황들이 반복되다 보면 연락을 기피하게 되고, 결국 연락이 두절되는 경우들이 발생한다. 따라서 자립지원전담기관과 자립지원전담인력이 확충된 것에 그치지 말고 당사자 입장과 상황을 고려한 자립지원 프로세스가 구축돼야 한다.

하지만 자립전담요원의 인력은 턱없이 부족한 실정이다. 자립전담요원은 아동양육시설(보육원), 공동생활가정(그룹홈), 위탁가정에 배치돼야 하지만 자립지원 업무 종사자들의 상황도 기관에 따라 다르다. 아동양육시설(보육원)은 30명 이상 시설 기준으로 1인의 자립지원전담요원이 배치돼야 한다. 이후 100명 초과 시 1인 인력이 추가된다. 게다가 시설 내 행정 업무를 같이 하는 경우가 많다 보니 다중 업무를 수행해야 하는 어려움에 처해 있다. 그러나 그룹홈과 위탁가정에 비하면 양호한 편이다. 그룹홈의 경우 종사자는 시설장과 보육사만 필수적으로 배치되고 있기 때문에, 아직 자립지원전담요원이 필수적으로 배치되지 못하는 상황이다. 위탁가정의 경우에는 가정마다 종사자가 있기 어려운 실정이니, 가정위탁지원센터에 자립지원전담요원 1명 이상을 두도록 되어 있다. 가정위탁의 경우 관리해야 하는 인원이 턱없이 부족하다 보니 자립지원전담요원, 가정위탁지원센터의 상담원, 위탁 부모가 유기적으로 협력하여 자립지원 업무를 수행해야 하는 실정이다.

이처럼 기관 형태에 따라 차이는 있으나 자립지원전담요원 1인이 담당해야 하는 자립준비청년의 수가 너무 많기 때문에 실질적인 관리 및 서비스가 이뤄지기 어렵다는 지적이 끊임없이 일어나고 있다. 이런 문제들을 보완하기 위해 자립지원전담기관이 설립되었다.

자립지원전담기관의 자립지원전담인력은 자립준비청

년의 기본 사후관리와 자립지원 통합서비스를 실시한다. 자립지원전담요원과 자립지원전담인력은 상호 지속적 협력체계를 유지하며 자립준비청년의 자립 생활을 점검하고 모니터링을 실시하고 기록한다. 특별히 주의 깊게 살펴볼 문제가 발생할 경우 자립지원 통합서비스로 연계한다. 최근 법이 개정되며, 자립지원전담기관 17곳이 설립되었고 자립지원전담인력도 2022년 9월 기준 90명에 불과했으나 향후 180명까지 인력을 확충한다는 반가운 소식도 있었다.

이러한 변화들에도 불구하고 실질적인 자립지원 프로세스가 시행되기 위해서 잊지 말아야 하는 것이 있다. 자립지원전담기관 및 자립지원전담인력은 자립준비청년이 필요로 하는 기관이 돼야 한다. 지금껏 정보를 공급하고 자립 기술을 주입하는 방식으로 지원이 이뤄졌다. 또한 자립 실태를 조사하고 기록하는 방식으로 자립 과정을 점검하다 보니 정작 자립지원전담요원을 도움을 주는 인력이라고 생각하기보다 관리하는 주체로 인식하는 자립준비청년들이 많았다. 막상 어려운 일이 생겼을 때는 어디에 도움을 요청해야 하는지 몰라서 선배나 친구를 찾는 경우가 빈번한 것도 이런 이유다.

자립지원전담기관이 설립되고, 자립지원전담인력이 확충되고 있다. 관리와 점검의 관점을 넘어 가장 가까이에서 돕고 지지해 주는 사회적 안전망으로 작동하기를 바란다. 자립의지를 갖게 되는 것은 교육이나 점검이 아니라, 필요할 때 도움을 청할 곳이 있다는 안정감과 도우려는 마음을 느낄 때이다. 정책들이 효과를 얻어내기 위해서 자립지원전담기관은 열려 있는 공간이면서도, 언제든 요청을 들을 준비가 되어 있는 기관이어야 한다. 소통 방식의 개선, 세심한 지원 절차, 적극적인 홍보 등이 수반되기를 바란다.

자립준비청년을 돕는 사람들과 기관이 있다는 사실을 아는 것만으로도 자립준비청년들은 혼자가 아니라는 위로를 받는다. 자립지원정책은 우리 사회가 자립준비청년들에게 퇴소 후에도 홀로 살아가지 않아도 된다고 말하는 메시지가 될 수 있다. 그러니 돈과 인력, 숫자, 평가를 넘어서 자립준비청년들이 느낄 수 있는 좋은 안전망이 되어 주길 바란다.

외국의
자립지원정책

우리나라는 짧은 시간 급격한 경제 성장을 이룬 국가인 만큼 사회적 양상도 여러 모습으로 변해 왔고, 자립준비청년의 문제 양상 역시 다양한 모습으로 나타났다. 절대적 빈곤의 단계에서부터 상대적 박탈감, 경쟁사회, 인권 감수성, 전인격적 양육, 자립의 정의 등 아동복지시설의 목적과 보호대상아동이 갖추어야 할 기본적인 요소들의 기준들이 변해온 것이다.

우리 사회는 다른 나라들이 오랜 기간 경험하고 준비해 왔던 문제들을 압축적으로 감당해야 한다. 이에 선진국의 사례를 보며 우리 사회가 해결해야 할 방향을 살펴보고자 한다.

미국

미국은 1960년대에 이르러 정부 지원과 함께 본격적인 가정위탁제도가 안착되었다. 현재 대부분의 보호대상아동들은 가정위탁제도하에 있으며, 시설 양육(보육원)은 임시보호소 등의 사례를 제외하면 거의 찾아보기 어렵다.*

미국의 자립준비청년들은 만 21세에 퇴소를 한다. 1999년 '자립지원법'을 기반으로 CFCIP(Chafee Foster Care Independence Program) 프로그램을 설계했다. 미국은 연방정부 차원에서 일찍이 법적인 토대를 마련해 주정부가 자립지원 프로그램을 만들고 자립준비청년들을 지원하도록 예산을 지원하고 정책 실행을 권고하고 있다. 따라서 주정부 당국에서 자립지원을 책임지고 있는데, 자립지원 전담 코디네이터를 두어 자립 준비 및 퇴소 후 서비스까지 지원한다. 코디네이터가 한 명의 아동을 관리하다 보니 인적 관계가 형성이 되면서 통합적인 사례 관리가 가능하다.** 주목해야 할 점은 CFCIP에 따라 당사자가 프로그램 설계 과정에 직접적

* 미국의 자립준비청년은 약 43만 명에 이르고 보호시설, 그룹홈에 해당하는 8%를 뺀 거의 대부분은 위탁보호시스템을 통해 보호받고 있다.

** 이상정, '미국의 아동 자립지원제도와 시사점', 국제사회보장리뷰, 2018.

으로 참여하는 것을 원칙으로 하고 있으며, 주정부는 연례 회의 개최 등에 청소년들이 직접 참가하도록 하는 방안을 채택하고 있다는 것이다.

영국

보호대상아동이 발생할 경우, 가정위탁제도를 통해 보호받는다. 2020년 기준 보호대상아동은 약 8만 명이며 이들 중 5만 7천여 명이 위탁 가정에서 자라고 있다.

영국의 각 지방정부는 지난 2014년 '아동과 가족법(The 2014 Children & Families Act)'을 근거로, 18세 이상의 자립준비청년에 대해 '머무르기(Staying Put)'와 '곁에두기(Staying Close)' 정책을 시행하고 있다. 자립준비청년 자립 과정을 어떻게 준비하고 다가가는지 눈여겨볼 만한 정책이다.

자립준비청년들 중 시설에 더 머무르기 원하는 경우는 21세까지 보호 기간을 연장하게 한다(Staying Put). 또한 독립을 원하는 자립준비청년에게는, 퇴소를 하되 기존에 머물던 보호시설과 가까운 곳에 거주하도록 하여 기존 시설을 편하게 방문하도록 한다(Staying Close).*

영국 정책의 가장 큰 특징은, 개인을 위한 개인상담사(Personal Advisor)를 둔다는 것이다. 보호종료법에 따라 만 18세가 된 모든 자립준비청년에게 개인상담사가 지정되고, 만 25세까지 지원받을 수 있다. 눈여겨볼 점은 자립준비청년들은 개인상담사 제도에 대해 스스로 알아보거나 신청하지 않아도 국가가 먼저 개인상담사를 배정해, 개인상담사가 누군인지, 어떻게 연락할 수 있는지에 대해서 알 수 있다는 것이다.** 개인상담사는 8주마다 만나며 실제적이면서 정서적인 관계를 자연스럽게 맺는다. 상담은 단순한 자립 상태에 대한 확인이 아닌, 실제적인 일상의 어려움과 심리적 어려움, 삶의 만족도를 묻고 확인하는 대화로 진행된다. 개인상담사는 이 과정에서 확인한 내용들을 기록해 정부에 보고하도록 되어 있으며, 영국은 이를 토대로 매년 성취보고 및 시설평가를 진행하여 성과를 보고한다. 이때 자립준비청년 당사자들의 참여를 보장하며, 당사자로부터 의견 청취의

* 허민숙, '보호종료 청소년 자립지원 방안', 국회입법조사처, 2018.

** 허민숙, '자립지원의 공백: 보호종료청소년을 위한 개인 자립지원 상담사 도입 과제', 국회입법조사처, 2021.

중요성을 강조한다. 이 결과를 통해 자립준비청년의 현황을 자세히 파악할 수 있어 연락 두절의 비율이 굉장히 낮은 편이다.*

독일

독일은 아동청소년을 단순히 빈곤하여 구제해야 할 대상으로 보지 않고, 폭넓은 발달을 지원하고 개별성을 존중하는 다양한 사회보장 서비스 체계를 갖추고 있다. 특히 통합과 참여라는 원칙하에 효과적인 자립준비청년의 자립 과정을 지원하면서 삶의 전반에 걸쳐 동등한 기회를 제공하고자 한다. 따라서 자립지원계획을 수립할 때 자신의 희망에 따른 선택권을 중요하게 제시하고, 자립준비청년이 참여하여 적절하고 필요한 조치를 직접 결정할 수 있도록 한다. 법적 대상 연령을 18세에서 27세로 확대하여 사회 진입 단계 과정에서 필요한 교육, 직업, 주거, 사회참여, 사회 관계 등 자립준비청년의 사회통합을 위한 다양한 정책적 노력을 기울이고 있다. 또한 자립준비청년의 온전한 자립이 증명될 때

* 연락두절의 비율이 우리나라는 26.3%인 데 비해, 영국은 8%에 불과하다.

까지 수요자(아동·청소년) 중심의 서비스를 제공하고, 삶의 전반적인 영역의 역량을 갖춘 성인으로 성장하도록 지원한다.*

독일은 자립준비청년만을 위한 정책이 아니라 아동·청소년, 가족을 포함한 통합적인 정책을 실행하고 있다. 청소년과 관련하여 가족, 노인, 여성, 청소년부라는 명칭으로 운영되고 있고, 이 부서는 청소년뿐 아니라 가족 전부가 사회적 구성원으로서 스스로의 역할을 찾을 수 있도록 돕는다. 위기에 처한 보호아동뿐 아니라 가족까지 지원해야 안정적으로 아동이 성장할 수 있다는 개념에서 시작되었다. 특히 아동·청소년을 구제해야 되는 수동적 대상으로만 규정하지 않기 때문에 개인에 따른 특성을 고려하고, 사회 구성원으로 자랄 수 있도록 통합적인 발달을 이룰 수 있도록 지원 체계를 마련하고 있다. 자립준비청년 지원 정책도 이러한 개념 안에서 수립해야 한다. 이때 자립준비청년은 직접 참여하여 자신의 희망에 따른 선택권을 갖고 결정한다. 아동청소년지원법상 지원 대상이 최대 27세로 정해져 있기 때문에 자립준비청년뿐 아니라 모든 청년은 27세까지 지원을

* 이상정, '자립준비청년 지원 강화를 위한 보호서비스 전달체계 개선 연구', 한국보건사회연구원, 2021.

받을 수 있다.

독일에서는 아동청소년이 가족위기, 방임, 학대, 자살위험, 성적 학대, 가출, 중독 등 위기 상황에 처한 경우 보호조치가 이뤄진다. 보호 기간 동안 아동청소년에게 생계 지원과 의료보호가 보장돼야 하는데 주목해야 할 점은 보호의 시작과 함께 보호아동이나 청소년에게는 주저 없이 자신의 신뢰자(친구, 형제, 이웃, 교사 등 아동청소년이 신뢰를 갖는 자)에게 연락을 할 수 있게 하는 것이다. 이 조치는 아동 및 청소년의 안녕을 위해 취해지는 것으로, 아동청소년에게 그들의 현재 상황과 제공되는 도움에 대해 알려 주는 목적을 지닌다. 이는 우리 정책에서도 특별히 주목해야 할 당사자 관점의 세심한 프로세스이다.*

또한 자립 지원은 자립적인 삶을 위해 제공되는데, 이때 자립 생활의 기준은 다음과 같다.**

* 이정현·이택호, '선진국 사례를 통한 보호종료아동 주거지원제도 동향 연구', 아름다운재단·아동자립지원단, 2017.

** 이상정, '자립준비청년 지원 강화를 위한 보호서비스 전달체계 개선 연구', 한국보건사회연구원, 2021.

주거 능력

자립 기준으로 주거 능력은 청소나 요리, 세탁 등의 능력 여부는 중요하지 않다. 주거 환경에서 이웃과 함께 지내고 갈등을 해결할 능력이 있는지를 따져본다. 또한 소통 능력을 바탕으로 견디고 해결할 수 있어야 한다. 최소한의 언어 이해를 바탕으로 주거 관련한 계약 처리가 가능해야 한다.

경제 능력

은행 업무 가능 여부, 은행 거래가 가능한지, 경제 관련 위험 인지가 가능해야 한다.

학교, 직업 교육, 직업 분야

미래 전망을 고려한 진로를 찾을 수 있어야 하며, 교육을 받기 위한 언어적 능력이 필요하다. 직업을 선택할 수 있는 능력도 중요한 자립 기준이다.

사회적 능력

사회의 주변인들과 원만하고 적절한 관계 맺기가 가능해야 하며, 사회 문제에 대한 책임 및 규칙을 준수할 줄 알아야 한다.

자립준비청년 정책에 있어 우리보다 앞선 세 나라의 경우를 보면, 자립준비청년을 위한 대표적 정책의 개념이 '돈'이 아닌 것을 알 수 있다. 그렇다면 우리는 이들 정책에서 어떤 점을 배우고, 우리 정책의 어떤 부분들이 바뀌어야 할까.

먼저 퇴소 전 자립준비 과정부터 연속성을 갖고 자립 이후까지 지원할 수 있는 시스템을 정비해야 한다. 미국의 경우 일찍이 법적인 토대를 마련하였고, 연방정부와 주정부의 역할을 구분하여 책임지도록 한 것처럼 각 공공기관의 역할과 책임이 더 명확하게 정리돼야 할 필요가 있다. 영국이 개인상담사 제도를 통해 자립준비청년 지원과 관리에 법적 책임을 부여할 만큼 공공성을 담보하고 있는 점도 우리가 살펴봐야 할 것이다.

두 번째, 자립준비청년의 직접적인 지원뿐 아니라, 지원 인프라를 마련하는 것을 서둘러야 한다. 미국, 영국, 독일 모두 자립정착금, 자립수당, 주거지원금 등의 직접 지원보다도, 사회 시스템의 기능과 역할이 우선적으로 거론된다. 영국의 개인상담사 제도는 여러 측면에서 우수한 정책으로 꼽히고 있어, 우리나라의 자립지원전담요원 정책도 이에 영향을 받은 것으로 보인다. 그러나 우리나라는 1인의 자립지원전담요원이 담당해야 하는 숫자가 86명에 달할 정도로 많은 상황이니 실제 역할을 기대하기 어려운 실정이다. 최근 자립지원전담인력의 숫자를 확충한다는 발표가 있었지만 아직도 개인상담사 정도의 수준에 이르기 위해서는 더 많은 수의 자립지원전담인력과 접근 관점이 변화해야 한다.

또한 세 나라 모두 자립준비청년들이 퇴소 전후 완만한 자립 전환기를 갖을 수 있도록 자립 이전부터 이후까지 한 가지 시스템으로 관리하고 있다. 이처럼 자립지원 서비스를 위한 인프라를 확충해야 한다. 시설, 인력, 자원, 시스템 인프라를 확충하지 않고서 실무자에게는 헌신과 노력을 강조하고, 지원정책은 돈 중심으로만 집중되는 것은 밑빠진 독에 물 붓기가 될 수 있다는 점을 간과해서는 안 된다. 그러니 자립 이전부터 자립 이후까지 직접적인 지원뿐 아니라 복지서비스 전반의 인프라를 갖추기 위한 노력들을 해야 한다.

세 번째로, 자립이라는 개념에 대한 철학이 필요하다. 독일 정책을 살펴보며 느낀 가장 큰 관점은 사회보장제도에 대한 철학이었다. 독일은 자립의 조건으로, 청소, 요리, 쇼핑을 할 수 있는지를 묻는 것이 아니라, 다른 사람과 통합하여 살 수 있는지, 이웃 간의 갈등을 해결할 능력을 갖추고 있는지 여부를 통해 자립의 조건이 충족되었다고 본다. 먹고사는 것, 경제적 혜택을 입는 것만이 자립이 아니기 때문에, 한 명의 사회 구성원으로 스스로 살아갈 능력을 갖추는지 바라보는 철학이 우리나라 사회보장제도에 스며들어야 한다.

또한 보편적 정책으로 자립준비청년을 비롯한 모든 청소년이 갖추어야 할 자립의 조건을 제시한다. 이 과정에서 정부는 일원화된 정책을 마련할 수 있으며 자립준비청년이라는 특수한 대상만 혜택을 받는다는 눈초리도, 지원을 받는 사람이라는 편견의 딱지도, 수동적 상태에 머무르지 않게 하는 효과도 얻어낼 수 있다.

영국의 경우, 공동 부모 역할이라는 원칙을 천명함으로써 국가와 사회가 자립준비청년의 사회적 보호자가 되어 준다는 선언을 했다. 부모가 자녀에게 기대하는 바와 같이 자립준비청년에게 대한 자립의 기준을 다음과 같이 설명한다.

"자녀들이 신체적으로 건강하고 안전하고, 행복하며, 교우들과 좋은 관계를 맺으며 학창 시절을 즐기고, 나아가 일상에서 취미를 갖고, 세상에 대한 건강한 호기심을 가지며, 성인으로 잘 성장하기 위한 여러 기회를 갖는 것, 그리하여 마침내 고등교육의 기회, 좋은 직장, 그리하여 경제적 안정성을 갖추는 것."*

좋은 부모라면 자녀가 단지 의식주를 충족하는 수준까지만 자립하기를 원하지 않을 것이다. 국가와 사회가 자립준비청년의 좋은 부모가 되어 전인격적인 자립을 위해 신체적, 정신적, 사회적인 건강을 증진할 수 있도록 책임을 갖는 것이 필요하다.

마지막으로 세 나라의 정책에서 공통적으로 나타나는 특징은, 자립준비청년의 권리와 참여를 중요하게 생각하여 정책에 끊임없이 반영하고 있다는 것이다.

우리나라도 최근 자립준비청년들과 직접적으로 만나면서 이야기를 듣고 당사자 관점의 정책들을 만들어내고자 노력하고 있다. 이는 아주 바람직하며 정책의 주변인이 아닌 주체로서 인정하는 동시에 실질적이고 효과적인 대안들을 고민할 수 있게 한다. 다만 아쉬운 것은 자립준비청년을 수혜자가 아닌 사회 구성원으로 바라봐 주기를 바라는 것이다. 정부 정책으로 공급하고, 시혜를 주고, 제공하는 방식

* 허민숙, '자립지원의 공백: 보호종료청소년을 위한 개인 자립지원 상담사 도입 과제', 국회입법조사처, 2021.

의 사회보장제도가 아니라 사회를 구성하는 일원으로서 미래의 국가를 이루는 핵심 자원이며 이들을 향한 지원은 국가의 성공을 위한 투자이자 한 인간의 행복을 이루기 위한 방법이라는 것을 깨달아야 한다. 이것이 우리가 선진국 사례를 통해 우리나라에 시급히 부여돼야 할 사회보장제도의 철학이다.

그곳에서의
생활

"항상 똑같은 옷을 입었어요. 가방도 똑같고, 신발도 똑같고, 심지어는 양말도 똑같았어요."

보육원의 일상생활은 대체로 비슷하다. 여러 명의 친구들과 공동 생활을 하다 보니 지켜야 하는 규칙들이 많고 일률적인 생활을 하게 된다. 기상 알람에 맞춰 일어나 함께 덮은 이불을 정리하며 하루를 준비한다. 식당으로 이동하여 식단표에 맞게 준비된 아침 식사를 마친 후 서둘러 학교에 간다.

자립준비청년들은 방과 후에 친구들과 놀지 못하고 보육원으로 복귀해야 했다며 공통적인 고충을 토로했다. 통금 때문에 정해진 시간에는 꼭 귀가해야 했으니 당연히 친구들과 떡볶이를 사먹거나 놀러가는 일들을 할 수 없었다. 자유롭게 살 수 없다는 사실은, 친구들과 자신이 다르다는 것을 다시 한번 깨닫게 했다. 방과 후 친구들과 놀 수 없었던 이유는 비단 통금 때문만은 아니었다. 친구들이 집에 초대하면 나중에 초대해야 하는 일이 생기기 때문에 애초에 집이 엄격하다는 핑계를 대며 놀러가지 않았다.

보육원에 사는 것을 걸리지 않기 위해서도 많은 노력을 한다. 방과 후 먼 길을 돌아서 오기도 하고, 괜히 다른 방향으로 갔다가 친구들이랑 헤어진 후에야 돌아오기도 했다. "너 하얀 집으로 들어가는 거 봤어"라고 갑작스레 묻는 친구라도 나타나면 가슴이 덜컥 내려앉는다. 이렇게 보육원에 사는 것은 긴장의 연속이었다.

보육원으로 귀가한 후에는 공부를 하고 저녁을 먹고 정해진 구역을 청소한 후 점호 시간에 맞춰 취침을 한다. 한 번에 조용히 자는 경우는 없다. 형들한테 혼나는 날이면 집합을 하기도 하고, 어느 날은 TV를 시청하면서 떠들기도 한다.

주말에는 보통 자유롭게 보내지만, 보육원 자체 행사나 외부 후원자 방문, 야외 활동 등이 있는 날들도 많다. 특히 크리스마스나 명절, 어린이날 등 특별한 날에는 보육원 아이들이 외롭지 않도록 마음을 나누는 자원봉사자, 후원자들이 방문하기 때문에 보육원은 손님맞이로 정신없이 바빠진다.

어린아이들은 자원봉사자들의 관심과 사랑을 받으려고 자주 안긴다. 서로 안기려고 달려드는 아이들을 보며 당황했다는 자원봉사자들의 후기도 종종 보인다. 안쓰러운 마음에 아이들을 자원봉사 내내 안아주기도 한다. 하지만 지속적이고 안정적인 관계를 맺지 못한 상황에서 정서적인 교류를 한다는 것은 참 어려운 일이다. 그러다 보니 어떤 보육원에서는 안아주거나 무릎 위에 앉히는 것을 금지하기도 한다.

개인 후원자와 관계를 맺고 오래 연락하는 경우에도, 간혹 아이들은 지나친 요구를 하여 후원자를 당혹스럽게 한다. 보육원으로 놀러오라는 너무 잦은 연락을 하기도 하고, 비싼 물건을 사달라는 당혹스러운 요청도 있다. 천사 같은 아이들을 생각하며 아낌 없는 사랑만 주리라 다짐했던 자원봉사자들도 생각과 다른 아이들의 행동을 보면서 당황하고 상처받기도 한다.

한 온라인 커뮤니티에서 이런 보육원 아이들의 행동을 보며 '영악한'이라는 표현을 쓰는 걸 봤다. 그만큼 당돌하고 이기적인 요구들이 있었으리라 짐작한다. 그러나 아이들의 입장이 되어 보지 않고서는 그들의 결핍된 행동들을 이해할 수 없다. 이 아이들은 기본적인 의식주를 포함하여 충족돼야 할 많은 욕구들을 채우기 어려운 환경에서 자라난다. 또한 사소한 요청조차 할 곳이 없기 때문에 그나마 안면이 있는 후원자, 자원봉사에게 요청을 하는 것이다. 물론 모두가 그런 것도 아니니 일반화해서는 안 된다. 누군가에게 도움을 요청하는 것을 싫어하는 자립준비청년들도 있었다.

자원봉사자들에게 마음을 열었다가 마음을 다치는 아이들도 많다. 보육원의 아이들을 돕겠다는 가벼운 마음으로 한두 번 자원봉사를 오다가 그만두는 경우도 아주 많다 보니 후원자에게 마음을 열었다가 상처를 받기도 한다. 이런 만남이 반복된 후에는 새로운 자원봉사자들을 만날 때도 "어차피 오늘만 오고 안 올 거면서, 줄 거 빨리 주고 가세요"라는 마음이 된다고 한다.

좋은 어른들의 선한 마음과 따뜻한 마음을 필요로 하는 아이들이 만나는 것인데도, 서로의 서투름 때문에 상처가 된다는 사실은 아쉬운 점이다. 후원자와 자원봉사자들은 자립준비청년의 성장 과정에서 가장 중요한 주체 중 하나이다. 그렇기에 서로를 더 이해하고 건강한 관계를 맺기 위한 기준과 환경이 만들어져야 한다.

한 자립준비청년은 보육원 생활이 군대와 비슷하다고 말했다. 군대처럼 보육원 아이들도 시설의 넓은 운동장에서 축구를 하곤 한다. 축구를 잘 못하거나 좋아하지 않아도 형들의 부름을 거절할 수는 없다. 형들은 선생님을 대신해서 군기를 잡고 잘못하면 혼내는 존재이다. 자연스레 군기 문화가 형성이 됐고 시간이 지나면 후배들에게도 이 문화는 자연스레 이어진다. 과거 우리나라에서 흔히 볼 수 있었던 조직 문화의 한 단면을 군대, 학교, 회사뿐만 아니라 보육원에서도 찾아볼 수 있다. 보육원에도 청산해야 할 문화가 존재했고, 이것이 한창 사랑받고 꿈을 키워야 할 아이들의 정서와 생각에 많은 영향을 미쳤을 것이다.

내가 만나 본 자립준비청년 중에서 보육원에서 자란 시간을 즐겁고 행복했다고 돌이켜보는 이들은 많지 않다. 다들 하루라도 빨리 퇴소하고 싶었다고 말했다. 좋든 싫든 10년에서 20년 가까이 지내야 하는 곳이다. 유아기, 청소년기는 꿈이 자라야 하는 시간인데 부정적인 기억으로 남았다는 것은 슬픈 일이다.

첫 번째 사회,
학교

학교는 자립준비청년들이 겪는 첫 사회다. 보육원에서는 무서운 형에게 혼나거나 사소한 이유로 친구들과 싸우더라도, 결국 같은 처지에 있다는 것을 반증할 뿐이었다. 그러나 학교에 가는 순간 '다르다'는 사실만으로 약자가 되어 세상과 싸워야 한다.

등하굣길에는 비밀 작전을 수행하는 스파이마냥 주위를 두리번거리며 걷게 된다. 누가 뒤를 따라오지는 않는지, 보육원에 들어가는 것을 보는 사람은 없는지 항상 뒤를 살핀다. 보육원 정문을 드나드는 찰나의 순간조차 누가 볼까 싶어 전력 질주를 한다. 다행인 것은 보육원은 보통 시내에서 조금 떨어진 곳에 있었기 때문에 그런 점에서는 안전한 편이었다.

등하굣길은 자유를 만끽하는 시간이기도 하다. 보육원과 학교가 규칙에 맞춰 단체 생활을 해야 하는 곳이라면, 등하굣길은 숨 쉴 수 있는 작은 틈 같은 곳이기도 하다. 이 시간만큼은 잔소리하는 사람도 없고, 눈치 보지 않아도 된다. 도로 옆 작은 길을 걸으며 한 번도 본 적 없는 부모님의 모습을 상상해 보기도 하고, 쌩쌩 달리는 차들을 보면서 자동차 이름을 다 외우기도 했으며, 어떤 날은 스스로 선택하지 않은 삶의 환경이 서러워, 얼굴도 모르는 부모님을 원망하며 빨간 신호등 앞에 서서 한참을 소리 내어 울었다는 이야기도 들었다.

학교는 항상 정체가 탄로 날 위험이 가득했다. 신학기가 되면 당사자들은 불안에 떤다. 새로운 선생님을 만나고 반 친구들이 바뀌기 때문이다. 이 말은 개인신상정보를 확인하는 시간이 다가온다는 뜻이다. 가족관계, 부모님 직업, 집주소 등 부모님과 떨어져 보육원에서 산다는 것을 들킬 수밖에 없는 질문들이다. 왜 이런 정보가 필요한 것인지 그저 원망스러웠던 아이들은 보육원 원장님, 이모님의 이름을 빌리며 가상의 부모님을 만들어 내야 했다. 모른 척 넘어가 주면 좋았으련만, 꼭 누군가는 왜 부모님의 직업을 모르냐고, 부모님의 나이가 이상하게 젊다며 비밀을 들춰냈다.

초등학교에는 사회적 약자를 배려하기 위한 무료 우유 급식 같은 좋은 취지의 제도들이 있다. 하지만 세심한 배려가 없으면 오히려 그들의 상황이 탄로 나는 계기가 되어 버린다. 조금만 배려했더라도 "왜 너만 교무실에 가서 받아오는 거야?"와 같은 반응을 마주하지 않았을 것이다.

이렇게 매 순간 평범한 아이들과는 다르다는 사실이 공식적으로 탄로 나는 경험을 겪으면서, 자립준비청년들은 자기를 숨기고 부정해야 한다고 생각하게 된다.

"내 말 잘 들어라. 안 그러면 보육원에 산다고 소문 낼 거니까" 학급에서 불량한 무리 중 한 명이 불쑥 말을 꺼냈다. J의 심장이 철렁 내려앉았다. 지금은 이게 약점이 아니라는 것을 알지만, 당시에는 비밀이 탄로 나는 것은 죽기보다 싫었다. 가끔은 반항도 해봤지만, 오히려 괴롭힘은 심해졌고 더 힘들어졌다. 자연스레 학교 생활은 위축되었고 친구 관계도 끊어졌다. 친하게 지내다가도 언젠가는 뒤에서 욕할 것 같은 불안함 때문에 누구와도 마음을 터놓을 수 없었다. K는 친한 친구에게 비밀을 털어놓기도 했었다. 이 친구라면 비밀을 지켜 주고 온전히 이해해 줄 것 같아서 솔직하게 말했지만, 얼마 지나지 않아 반에 소문이 돌고 뒤에서 수군거리는 소리를 들었다. "쟤 고아래. 보육원에서 산대."

이런 부정적인 경험들은 어른이 된 후에도 영향을 미치게 된다. 보육원에서 살았다는 것은 절대 얘기해서는 안 되는 약점이라는 걸 알게 됐기 때문이다. 그러다 보니 새로운 사람을 만나고 마음을 터놓고 관계 맺는 것이 두려워져 자연스럽게 외로움과 고립으로 이어지게 된다.

반면 학교에서 자신감을 갖고 자신의 가치를 느끼는 경우도 있다. 학급 임원을 하거나 공부를 잘해서 인정받게 되는 경우이다. 혹은 경진 대회에서 수상을 하거나, 합창단 활동 등으로 사람들에게 주목받고 인정받았던 경험은 삶을 긍정적으로 바라보게 했다. 이렇게 한 번의 경험이 생각을 바꾸고, 생각은 삶의 관점을 바꾸게 한다. 보육원에서 자라면서 '나'로서 인정을 받거나 나의 가치를 느껴본 적이 없었던 아이들에게, 나로서 존재해도 된다는 것을 알게 된 시간들은 자신감을 갖게 해 준다. 삶의 의지를 갖게 하는 것은 거창하고 돈이 많이 드는 일이 아니다. 스스로 '잘 살아야겠다'

라는 다짐이다. 그러니 학교에서부터 작지만 소중한 경험을 할 수 있도록 다양한 기회들이 자연스럽게 주어져야 한다.

세상 모든 사람들은 결핍 속에서 살아간다. 자립준비청년들도 이 진리를 깨닫는 순간이 있다. 세상에서 가장 불쌍한 사람들이 본인인 줄 알았는데 주변을 둘러보니 그렇지 않았던 것이다. 부모님이랑 같이 살아도 경제적으로 어렵거나 가정 불화, 이혼 등으로 힘들어하는 친구들이 있었고 개중에는 아무렇지 않게 가정의 아픔을 얘기하는 친구들도 있었다. 그런 친구들 덕에 비밀이 부끄러운 것이 아니라는 것을 알게 되었다. 숨길 필요가 없어지면서 자연스럽게 관계를 맺고 친구들을 자신의 세계로 받아들이면서 조금씩 자신감을 얻게 되었다.

이들의 인식이 바뀐 것이 어쩌면 '자립준비청년'들이 겪는 문제의 실마리가 될 수 있지 않을까 생각한다. 비밀이 드러났음에도 안전하다는 것을 경험한다면, 자기답게 사는 것이 가능해질 것이다. 당사자 연대의 힘도 여기서 나온다. 열여덟 어른 캠페인 이후 자립준비청년들이 숨기지 않고 자신을 오픈하고 관계망을 만들어 나가는 최근의 변화들은 좋은 사례가 될 것이다. 열여덟 어른 캠페인이 가져온 가장 의미 있는 변화는 당당하게 자신을 오픈하는 당사자들이 많아졌다는 것이다. 이전에는 보육원에서 자랐다는 사실을 숨겨야 하는 약점으로 생각했었다. 그러나 한 명, 두 명 당사자들이 자신의 과거를 밝히고 당당하게 나서는 모습을 보면서 "더 이상 약점이 아니어도 되는구나"를 자연스레 알게 된 것이다. 이런 변화는 삶을 바라보는 태도까지 바꾸게 한다. 더 이상 거짓으로 살지 않아도 되고 당당하게 살겠다는 마음을 갖게 한다.

당사자들에게 학교의 의미는 더욱 특별해야 한다. 보육원에 사는 것이 문제가 아니라고 해줬으면 어땠을까. 세심하게 아이들의 비밀과 아픔을 보듬어 줬다면 어땠을까. 누군가 이를 약점으로 생각하고, 안 좋은 시선을 가졌을 때는 정정해 주고 그러면 안 되는 것이라고 말하는 교육을 했더라면 어땠을까. 그랬더라면 이후에 이들에게 폭풍처럼 몰아친 시간들도, 홀로 견뎌내야 했던 시간들도 각자가 외로이 생존해 내려고 발버둥치지 않아도 되지 않았을까 생각한다. 보육원이라는 울타리를 나와서 만난 첫 세상은, 배려 없는 한마디 말로 공든 탑을 무너뜨렸고 마음에 상처를 냈다. 학교는 더 안전한 공간이어야 한다. 왜냐하면 학교는 이들이 경험하는 첫 세상이고, 타인과의 첫 만남이기 때문이다.

내가 만난 한 자립준비청년은 아직도 초등학교 5학년 시절의 행복한 기억을 소중하게 간직할 정도로 성장 과정에서 마주한 따뜻한 마음을 가진 이들을 기억하고 있었다. 한 사람의 기억 속에 특별한 존재로 남는 것은 그리 어려운 것이 아니다. 편견 없이 대해 준 한 명의 어른, 비밀을 지켜주는 세심한 배려, 잘한다는 한마디 말부터 시작한다면, 자립준비청년들이 기억하는 학교는 달라질 것이다.

진로 선택의 순간

자립준비청년들은 고등학교 때부터 퇴소 후 진로를 준비한다. 전국 고등학생의 대학 진학률이 71.5%인 것에 비해 자립준비청년은 12.9%에 불과하다. 자립준비청년들이 대학에 진학하는 비율이 낮은 이유는 무엇일까. 또한 낮은 대학 진학률은 이들의 자립에 어떤 영향을 미칠까.

자립준비청년들은 특성화고등학교로 진학하는 경우가 많으며 고등학교에서 직업훈련을 받거나 취업을 위한 자격증을 준비한다. 대학에 가지 않은 자립준비청년의 52.1%는 '빨리 취업해 돈을 벌고 싶어서' 취업을 선택했다고 말했다. 그 다음으로 '진학하고 싶었으나 경제 사정이 어려워서'(15.7%)가 뒤를 이었다.*

* 보건복지부·한국보건사회연구원, '보호종료아동 자립 실태 및 욕구조사', 2020.

그만큼 자립준비청년들은 경제적 문제로 인해 취업을 먼저 생각하는 것을 알 수 있다.

대부분의 자립준비청년들은 천편일률적으로 지원되는 자격증 취득 지원사업들을 통해 고등학교를 졸업한 후 바로 공장에 취업하거나 자격증을 통해 조리사, 제과제빵사, 정비사가 된다. 조사에 따르면, 자립준비청년들의 진로는 전문직(25.1%), 서비스직(22.7%), 기계조작/조립(13.1%), 단순노무직(13.1%), 사무직(9.6%) 순이었다. 취업 경로는 본인 스스로 알아본 유형(49.9%)이 가장 많았고, 학교 추천(25.7%)이 그 다음이었다.*

자립준비청년의 희망 직업 중 사회복지사가 많은 점을 지적하는 목소리도 있다. 이들은 어릴 때부터 다양한 경험을 할 기회가 적고 만나는 사람들이 한정적이다. 그러다 보니 직업 선택 시 가장 자주 접하는 사회복지사의 영향을 받게 되는 것이다.** 실제로 내가 만난 자립준비청년 중에서

* 보건복지부·아동권리보장원이 조사한 '아동자립지원 통계현황보고서', 2021.

** 한국직업능력연구원이 2021년 시설보호청소년들의 진로 희망 분야를 조사한 결과 '사회복지사'가 6.8%로 가장 많았다.

사회복지를 전공하거나 자격증을 취득해 실제 현업으로 이어지는 경우들이 많았다.

대학교 미진학, 자격증 중심의 취업, 사회복지사 희망 등이 잘못됐다거나 지양해야 한다는 것은 아니다. 적성에 맞는 좋은 기술을 익혀 일찍 생계를 책임질 수 있다면 대학교를 진학하지 않고 바로 취업하는 것도 좋은 방법일 것이다. 좋은 사회복지사의 영향을 받아서 남을 돕기 위한 사회복지사가 된다는 것도 아름다운 현상이다. 다만 이렇게 한쪽으로 치우친 비율이 어떤 이유에서 나타나는지, 이 현상은 어떤 결과를 초래하는지 고민한다면, 현상 너머의 문제를 발견하는 열쇠가 될 수 있을 것이다.

생계만을 위한, 준비 없는 취업의 효과가 그리 길지 않은 것은 당연하다. 제대로 된 준비를 하지 못하고 시작한 첫 직장 생활에서는 어려움을 겪게 되고, 이는 퇴사로 이어지게 된다. 또한 이직이 잦다 보니 단순 노무, 서비스직으로 생계를 이어가기도 한다.

보건복지부와 한국보건사회연구원이 조사한 '보호종료아동 자립실태 및 욕구조사'(2020)에 따르면 직장을 그만둔 경험이 있다고 응답한 자립준비청년 중 가장 많은 답변이

'적성에 맞지 않아서'(23.4%)였다. 또한 취업 준비 시 당면한 가장 큰 어려움이 '취업/일자리 정보가 부족하여'(22.7%)이며, 그 다음이 '적성을 잘 몰라서'(19.3%)였다.

물론 처음 계획한 대로 꾸준히 한길을 가는 경우도 있고, 산전수전을 겪으면서도 역량을 키우는 자립준비청년들도 많다. 그러나 분명한 것은 혼자의 힘으로 이런 부침들을 견뎌내며 버텨야 한다는 것이다. 연이어 구직과 사회 적응에 실패할 경우 자신감이 하락하고, 생계를 포기하거나 사람들과 연락을 끊는 사례들도 나타난다. 이를 단순히 끈기가 부족하거나 사회에 적응을 못해서 그렇다고 개인의 문제로만 치부하기보다, 우리 사회가 자립준비청년들을 어떤 철학으로 양육했는지 돌아봐야 한다.

자립준비청년은 어려서부터 생계라는 가장 큰 문제에 직면한다. 그러다 보니 퇴소 후 바로 돈을 벌어야겠다는 생각을 하는 것이 일반적이다. 실제로 자립준비청년들에게 지원되는 취업 교육 중 상당수가 자격증 취득을 통해 즉시 구직이 가능한 지원이 대다수이다. 세상에 나와 홀로 살아야 하는 자립준비청년들에게 적성이니, 꿈이니, 비전이니 하는 말은 멀게만 느껴지는 것이다. 더 큰 문제는 이들이 자립하는 데 있어 생계만 해결할 수 있는 단계까지만 제시하는 것이다. 한 자립준비청년의 '생계'라는 현실적인 어려움 앞에서 꿈을 꾸는 것은 사치라는 자조적인 말을 되새겨 볼 필요가 있다

자립준비청년의 취업률이 저조하다는 문제가 부각되면서 여러 취업 연계 프로그램, 자격증 취득 프로그램, 인턴 및 일자리 체험 제공 등 지원이 많아지고 있다. 일자리는 적성과 꿈에 맞닿아야 한다. 그러려면 어려서부터 꿈을 꾸게 해야 하고 많은 것을 경험하게 해야 한다. 그리고 무엇보다 스스로 쟁취하고 달성하고 싶은 목표가 있어야 한다. 그래야 예상치 못한 어려움이 생기더라도 끝까지 걸어갈 힘이 생길 수 있다.

L은 퇴소 후 취업을 하며 사회생활을 시작했다. 불과 얼마 전까지만 해도 보육원에서 돌봄을 받던 아이였는데, 바로 사회생활을 해내야 했다. 다행히 L은 금세 적응했지만 같이 취업한 보육원 친구는 적응하는 데 어려움을 겪었다. 실수를 해놓고 오히려 상사에게 화를 내던 친구는 결국 잠수를 타며 퇴사를 했다고 한다. 사장님은 "어린애도 아니고

왜 그래?"라고 하셨다. 이들은 아이도 어른도 아닌 그 중간의 과정을 겪고 있는 아이들일 수 있다. 살아내기에도 정신없었던 이들에게 갑작스레 놓인 세상은 온통 낯설고 어려운 곳이다. 모든 것이 처음이고, 직접 경험하고 실패해 봐야 하니 미숙할 수밖에 없다. L도 서러워 울었던 적이 있고 상사에게 대든 적도 있다. 그럼에도 강해지고 노력하고 배우려고 했던 이유는, "꿈이 있었기 때문"이라고 했다. 하고 싶은 일이 있기 때문에 어떻게든 돈을 벌어야 했고, 당장의 어려움보다 미래의 꿈을 위해서 버텨냈다고 한다. 생계 해결을 해 주려는 정책보다 '꿈'을 갖게 하는 것이 중요한 이유이다.

대학교에 진학하는 것이 능사는 아니지만 몇 년의 시간이 퇴소와 자립의 중간 지대가 되어 줄 수 있다. 사회에 적응하고 낯선 세상을 이해하며 나만의 꿈을 꿀 수 있는 시간이 될 수도 있다. 대부분의 청춘들도 전공과 상관없는 직업을 택하는 것이 현실이지만, 여러 선택지가 있어서 고심하고 경험한 후에 선택하는 것과 단일 답안을 선택하는 것은 전혀 다르다. 자립준비청년들이 일자리를 얻어 행복하게 살기를 바란다면, 자격증 중심의 취업교육의 고정된 방식을 벗어나야 한다. 취업교육 단계를 넘어 적성과 꿈을 고민하게 하는 교육이 필요하다.

내가 만나본 자립준비청년들의 적지 않은 수가 선 취업 후 뒤늦게 대학 진학을 했다. J는 요리를 하면 먹고살 걱정이 없겠다는 생각에 소개받은 식당에 무작정 취업부터 했다. 지금까지도 힘겹게 살아냈으니, 무엇을 하든 해낼 수 있으리라 생각했지만, 끝없는 설거지와 식당 일은 그간 경험해 보지 못했던 어려움이었다. 결국 일을 그만두고, 오랫동안 실패감을 맛보았지만 다행히 어릴 때부터 좋아했던 디자인을 공부하겠다는 마음을 먹으면서 대학교에 진학을 하게 됐다. S 또한 취업을 하며 서툰 사회생활을 한 후 뒤늦게 대학교에 진학하여 심리학 수업을 들으면서 자신을 이해할 수 있었다고 한다.

뒤늦게 적성에 대한 고민으로 새로운 도전을 할 수 있었던 자립준비청년들은 특별한 경우이다. 더 이른 시기부터 이런 고민들을 할 수 있도록 도움을 주어야 한다. 그렇게 하기 위해서는 자립준비청년의 취업률, 자립에 대한 관점이 바뀌어야 한다. 아무리 먹고사는 문제가 급하다고 해도 스스로 버티고 이겨내려는 의지 없이는 생계를 해결해 나가기 쉽지 않을 것이기 때문이다. 마음에도 없는 일자리를 연계해 주고 배부른 소리하지 말고 참아내고 버텨내면서 생계부터 해결하라는 메시지는 더 이상 큰 효과를 발휘하기 힘들다는 게 드러났다. 물고기를 주는 게 아니라 물고기를 잡는 법을 가르쳐 줘야 한다는 상투적이지만 진리에 가까운 격언을 제시하고 싶다. 우리는 자립준비청년들의 꿈이 무엇인지 물어보고 생각하게 만들고 삶에 의지를 갖도록 해야 한다.

사회적으로 성공한 사람이, 자신은 만 18세보다 훨씬 더 어린 시절부터 생계를 위한 일들을 닥치는 대로 해가며 지금에 이르렀다고 했다. 만 18세 이상의 청년이 생계조차 해결하지 못하고, 끈기도 없이 일자리를 그만두는 사람들을 많이 봤다며, 이들을 지원하는 것에 대해 부정적인 입장이었다. 이분이 자립준비청년에 대해 악의가 있거나 폄하할 의도가 없었다는 것은 안다. 단지 자신의 삶을 바탕으로 이들의 상황을 보게 되니 오해가 생기고 자립준비청년 개인의 문제로 치부하게 된 것이다.

아무리 어려운 상황 속에서도 버텨내고 이겨내는 사람들은 있기 마련이다. 하지만 자립준비청년들 모두가 그렇게 해낼 수 없다는 것을 잘 알면서도, 우리는 자립준비청년들이 자립의 과정에서 좌절하고 헤쳐 나오지 못하는 이유를 무심코 개인의 잘못으로 돌리고 있는 것이 아닐까. 그러니 개인의 끈기, 역량, 열정으로만 버텨내길 바라는 게 아니라 더 많은 자립준비청년들이 버텨내고 이겨낼 수 있도록 이들의 삶을 이해하고, 환경과 기준을 바꿔 가자는 것이다.

가끔씩 사무실로 취업 연계를 해 주겠다는 문의 전화가 온다. 생계가 곤란하다고 하니 좋은 일자리를 제안하면 자립준비청년들에게 좋은 기회가 될 거라 생각했을 것이다. 그러나 이런 제안에 응하는 자립준비청년들은 거의 없다. 우리는 이들이 배부른 소리를 한다고 생각하지는 않았는지 돌아봐야 한다. 자립 정책에서도 마찬가지이다. 취업을 연계하기만 하면 우리 사회가 할 역할을 다 했다고 생각하는 것은 아닌지도 돌아보자. 우리 사회는 생계를 해결해 주는 것보다 꿈을 꾸게 하는 것이 중요한지 이해하고, 꿈과 적성을 고려하지 않은 취업 교육의 한계가 무엇인지 알아야 한다.

직업은 꿈이 아니라는 것을 우리 사회는 알고 있을까. 배부른 소리라고 단순히 덮어두기에 이들이 가진 자원의 한계, 꿈 꿀 시간의 부족, 정서적 압박감, 미래에 대한 절망감이 너무 크다. 조금 더 진지하고 어려운 논의를 해야 할 시기가 왔다.

퇴소의
순간

자립준비청년들의 퇴소 나이가 너무 빠른 것이 아니냐는 걱정의 목소리가 많다. 그러나 내가 만난 대부분의 자립준비청년들은 하루라도 빨리 퇴소하기를 원했다. 처음에는 세상에 빨리 나오길 바랐다는 말을 이해하기 어려웠다. 세상이 얼마나 무서운지 모르는 것 같았고, 철이 없다고 생각했다. 그러나 한 걸음 가까이서 자립준비청년의 삶을 본 후 이들의 심정을 이해할 수 있었다.

"저희 보고 군대 안 간다고 신의 아들이라고 하는 사람들도 있는데요. 저희는 19년을 군대에서 보낸 것과 같아요."*

군대처럼 집단 생활을 한다는 것은 개인의 자유가 제한

* 아동복지시설에서 5년 이상 보호받은 사실이 존재하는 자는 전시근로역으로 편입되어, 군면제를 받는다.

된다는 의미다. 음식을 선택할 자유, 자유롭게 취침 시간을 정하는 자유, 학교가 끝난 후 바깥세상을 거닐어보는 자유가 허락되지 않는 것이다.

자립준비청년들이 왜 하루라도 빨리 퇴소를 하고 싶어 하는지 이유를 알아야 정책, 지원사업이 매끄럽게 진행될 수 있다. 퇴소를 빨리 하고 싶어 한다는 이유로 철이 없다고 단순히 치부하기에는 이들의 삶이 너무나 복잡하고 연약한 환경에 놓여 있다.

퇴소의 하루는 보통 이렇다.

아침에 일어나서 전날 싸둔 몇 개 안 되는 짐을 챙겨서 수십 년을 지낸 생활관을 떠난다. 퇴소할 때 가지고 나가는 짐은 앨범, 일기장, 세면용품, 옷가지, 사용하던 베개와 이불 정도이다. 박스 한두 개면 족하다. "이렇게 오래 생활했는데 물건이 이것밖에 없다니 허탈했어요." 자립준비청년들이 공통적으로 하는 말이다. 몸 하나와 박스 한두 개만 나가면 본인의 흔적이 지워진다는 것이 존재의 가벼움을 느끼게 했던 건 아니었을까 싶다.

짐을 챙겨 생활관을 나선 후 선생님들이 계신 사무실로

간다. 행선지가 먼 경우 선생님이 데려다 주기도 하지만 대부분은 평소처럼 선생님께 인사를 하고 헤어지면 끝이다. 어제도 오늘도 많은 이들이 퇴소했다. 그리고 앞으로도 계속 이별을 반복되는 것이 일상인 곳이다. 퇴소의 순간이 낭만적이지도 않고, 슬프지도 않다.

퇴소하고서 향하는 곳은 제각각이다. 대학교 기숙사로 가기도 하고, 먼저 퇴소한 선배나 친구의 집으로 가는 경우도 있다. 시설 선생님이나 후원자의 도움을 받아 자취할 집을 계약하는 경우도 있다.

퇴소 날은 어른이 되었다는 의미다. 의식주를 포함하여 스스로 인생을 책임지며 살아야 하는 날이 시작된다. 그러나 특별한 것 하나 없었던 퇴소 절차처럼, 자립준비청년들에게 '어른이 되었다'는 것 또한 특별하게 다가오지 않는다. 퇴소 날을 걱정하는 사람들의 우려와 달리 자립준비청년들의 심정은 다들 덤덤했다. "아무렇지 않았어요. 슬프지도 않았고 별로 걱정되지도 않았던 것 같아요."

그럼에도 혼자가 되었다는 사실이 물밀듯이 밀려오는 순간이 있다. H는 서울 가는 기차에 홀로 올랐다. 퇴소한 순간에는 마냥 설레고 신났는데, 기차가 출발하는 순간 마음이 덜컥 내려앉으며 자기도 모르게 눈물이 쏟아졌다고 한다. 평생 살았던 곳을 떠나 어딘가로 향하는 그 순간, 혼자라는 사실이 서럽게 몰려들었다.

처음부터 자립 생활을 잘하기는 정말 어렵다. 하루아침에 통금이 없어졌고 잔소리하고 통제하는 선생님도 없다. 누구의 간섭도 없이 원하는 대로 할 수 있는 만큼 위험도 공존한다. 자립정착금이라는 여태 만져 보지 못한 큰돈도 수중에 생긴다. 그렇다 보니 많은 이들이 퇴소 후 자립정착금을 쉽게 써버리곤 한다. 최근에는 이런 문제들이 반복되면서 선배들에게 미리 조언을 들어서 잘 관리하는 친구들도 많이 생겼지만, 여전히 갑작스럽게 찾아온 자유와 돈은 참기 어려운 유혹이다.

"소중한 돈을 왜 적금하거나, 지혜롭게 사용하지 않냐"고 묻는 이들도 있다. 자립준비청년들은 보육원에서 평생 후원자를 통해서 선물을 받거나, 경쟁을 통해서 물건을 쟁취해야만 하는 세상을 살아왔다. 그러니 돈과 자유가 동시에 쥐어진 상황에서 미래를 위해 절약하며 사용하기를 바라는 것은 무리한 기대다. 어쩌면 과소비의 경험도, 밤새 놀고 즐기는 경험들도 미래를 위해 필요할 수 있다. 소비 경험을 통해 절약도 배우고, 돈의 중요성을 깨닫기도 하기 때문이다. 또한 젊음을 마음껏 분출하며 놀아보기도 해야 한다.

그러나 퇴소 후 처음으로 주어진 자유의 시간과 자립정착금 같은 목돈은 다시 주어지지 않는다. 그러니 마음껏 쉬고 노는 경험은 자립준비청년들에게는 허용될 수 없고 일찍부터 철이 든 모범생처럼 오직 자립을 하기 위한 시간으로만 보내야 한다. 이들에게는 다시 오지 않는 단 한 번의 기회인 셈이다. 만 18세에 돈을 관리할 줄 아는 능력도 기르고 소비의 경험도 하고 미래를 위해 잘 절약해야만 자립에 가까워질 수 있다. 그러니 만 18세에 목돈이 쥐어진다는 것이 어떤 의미인지, 돈을 써보는 경험이 어떤 의미인지를 이해하고 이들을 바라봐야 한다.

K는 퇴소를 하고서 작은 고민에 빠졌다. 침대보와 이불을 사야 하는데, 사려고 하니 '자신이 무엇을 좋아하는지 모르겠더라'는 것이다. 양육시설에서는 자신이 무엇을 좋아하는지 경험할 수 있는 순간이 거의 없다. 후원으로 들어온 물품을 사용하거나 시설에서 구입해 주기 때문이다. 가끔씩 용돈을 모아서 꼭 사고 싶은 것들을 사기도 하지만 주체적으로

소비하는 경험이 부족하다. 그래서 시설에 있을 때부터 자신의 취향을 고민하고, 자신이 뭘 좋아하는지 생각해 보게 되는 기회들이 더 많아져야 한다.

자립준비청년에게 퇴소의 경험은 한 세계에서 다른 세계로 문을 열고 이동하는 것과 같다. 퇴소 날, 시설의 문을 열고 바깥으로 몸을 옮기는 순간은 짧고 간단했지만, 사실은 전혀 다른 세상으로 가는 것이다. 이들이 앞으로 겪어야 할 곳은 생활 환경도, 사람들도 전혀 다르고 그간의 경험만으로는 이해하기 어려운 세상이다. 그만큼 하루아침에 새로운 세상에 적응하고 미래를 준비하며 잘 살아가기를 바라는 것은 무리이다. 자립준비청년의 관점으로 퇴소를 바라보고, 세상에 적응할 수 있는 시간과 장치들이 제공돼야 한다. 단순히 자립 연령을 상향하는 것뿐만 아니라 시설에서부터 자립 준비를 잘 할 수 있도록 도와야 한다. 무엇보다 평생을 살았던 곳에서 하루라도 빨리 나오고 싶어 하는 마음이 바뀔 수 있도록 양육 환경에 대한 근원적인 개선도 동시에 필요하다.

나는 한 자립준비청년에게 꾸준히 잔소리를 했다. 내 눈에는 그가 주말이면 놀러 다니고 시간을 낭비하는 것 같았다. 그 청년은 경제 활동을 하며 잘 살아가고 있었지만, 인생을 더 열심히 살고 미래를 준비하면 좋겠다는 내 욕심이 앞섰던 것이다. 그러던 어느 날, "저는 인생에서 이렇게 쉬고 놀러 다니면서 경험하는 게 처음이에요. 평생 정신없이 치열하게 살아왔는데 '나는 이 정도도 못 쉬나' 싶은 생각이 들어요."

조심스러워하며 꺼낸 말 한마디가 내 머리를 때렸다. 나도 모르게 함부로 판단하고 조언했던 것이다. 꿈은 정진하고 노력할 때만 크는 게 아니라는 사실을 놓쳤다. 실패하거나 방황할 때, 심지어 멍하니 쉬는 시간도 꿈을 키우는 시간일 수 있다. 인생 처음 경험하는 자유와 쉼이었는데, 내 세계로만 판단하고 재단했던 것이다. 부끄럽고 미안했다. 그들이 서투르게 자립해 나가는 것처럼, 우리 역시 그들의 세계를 서투르게 바라보고 있다. 이렇게 조금씩 서투르지만 서로를 이해하면서 이해의 간극을 줄여 나가기를 바란다.

집
구하기

퇴소를 하고 가장 먼저 부딪치는 어려움은 집을 구하는 것이다. 개인마다 상황이 다르기 때문에 집을 어떻게 구하는지 일반화하기는 어렵지만 자립준비청년들은 여러 문제 중에서도 주거 문제를 가장 막막하고 힘들어한다. 평생 시설에서 살다가 스스로 집을 구해야 한다는 것은 당연히 어렵고 힘든 일이다. 시설 선생님, 자립지원전담요원, 개인 후원자, 자립준비청년 선배 등의 도움을 받아서 집을 구하는 자립준비청년들이 많았다. 그만큼 혼자서 집을 구하는 과정이 녹록지 않기 때문이다.

보건복지부와 한국보건사회연구원이 조사한 '보호종료아동 자립실태 및 욕구조사'(2020)에 따르면 자립준비청년의 20.6%가 퇴소 후 숙박시설이나 친구/지인의 집, 고시원,

노숙인 시설, 여관/모텔, 청소년쉼터/청소년자립지원관 등 영구적 주거지로서 적절하지 않은 곳에서 생활한 적이 있다고 조사됐다. 한 자립준비청년은 갈 곳이 없어서 학교 도서관에서 몰래 생활한 적이 있다고 했다. 그는 지하철에서 만 원짜리 담요 한 장을 사서 24시간 운영하는 학교 도서관 소파에서 자고 학교 샤워실을 이용했다. 이렇게 이들은 집을 구하는 데 큰 어려움을 겪고 있다.

반가운 소식은 자립준비청년을 위한 주거 지원 제도도 계속 늘어나고 있다는 것이다. 그중 가장 대표적인 제도는 자립준비청년을 위해 LH에서 전세 자금을 아주 적은 이자로 대출해 주는 LH 전세자금대출이다. 1억 2천만 원까지 대출을 받을 수 있어서 많은 이들이 이용할 것 같지만 의외로 개선돼야 할 점들이 있다. 이 대출은 돈을 대출해 줄 뿐 집은 자립준비청년이 직접 구해야 한다. 처음 보는 어려운 부동산 용어를 읽어가며 여러 신청서들을 작성하고 승인받는 과정은 어렵고 오래 걸린다. 그러다 보니 애초에 포기하는 경우도 많고, 긴 신청 과정 중 그만두는 경우들도 있다.

또한 LH 전세자금대출을 받아주는 집주인들이 적다 보

니, 좋은 매물을 찾기가 어렵다. 게다가 대출금이 1억 2천만 원까지 된다는 걸 잘 아는 집주인들은 더 적은 금액에 계약돼야 하는 안 좋은 매물들도 1억 2천만 원에 맞춰 시장에 내놓곤 한다. 그러니 집을 보러 가게 되면, 위치가 안 좋거나, 집의 컨디션이 안 좋은 경우들이 수두룩하다.

LH 전세자금대출은 자립준비청년들이 가장 많이 이용하고 실제 큰 도움이 되는 제도인 것은 분명하다. 다만 좋은 제도가 실효성을 더 갖추기 위해서는 먼저 당사자의 특성을 더 이해할 필요가 있다.

다행히 최근 LH에서 자립준비청년을 위해서 많은 노력과 대안을 마련하고 있다. 주거 문제를 포함하여 일상의 문제까지 해결하기 위해 여러 가지 시도를 하고 있다. 당사자들을 만나서 실제적인 경험과 의견을 들으며 각종 대안을 만들기 위해 노력하는 만큼, 기존의 좋은 점은 강화하고, 빈틈들을 잘 찾아서 개선하는 노력이 끊이지 않기를 바란다.

간혹 공동 주택을 만들어 자립준비청년들이 함께 모여 살고 서로 돕고 지지하며 살게 하자는 아이디어들이 나오기도 한다. 하지만 실효성은 많이 떨어질 것으로 예상한다. 평생 시설에서 공동생활을 했는데 퇴소한 이후에도 공동생활을 원하는 이들은 거의 없다. 무엇보다 '자립준비청년들끼리 모여 사는 집'에 산다는 것은 다시 한번 낙인을 찍는 결과를 초래할 수도 있다. 당사자들 입장에서는 보통의 시민으로 살고 싶지, 하나의 또 다른 게토를 만들어서 구분해서 살아야 한다는 것은 괴로운 일이다.

첫 집을 구한 자립준비청년들은 자기만의 공간을 가졌다는 기쁨과 만족을 느낀다. 공간은 좁고 가구도 부족하지만 프라이버시가 보장되고 뭐라고 할 사람도 없는 자유로운 공간이기 때문이다. 불 끄고 자야 되는 시간도 없고, 누구의 눈치도 보지 않고 라면을 끓여 먹을 수도 있다. 집이란 그런 공간이다. 마음 편히 두 발을 뻗을 수 있고, 샤워하고 나오면서 사람들 눈을 의식하지 않는 자유도 경험해야 한다. 시간 가는 줄 모르고 침대에 누워 핸드폰으로 영화 보는 자유도 필요하다. 만 18세가 넘어서야 이런 경험을 처음 할 수 있기 때문에 자립준비청년에게는 이 시간들이 특별하다. 태어나서 처음으로 가진 자기만의 공간은, 바깥 세상에서도 내가 쉴 수 있고, 몸을 뉘일 수 있고, '존재해도 된다고 말해 주는 곳'이다. 그렇기 때문에 자립준비청년이 더 안락하고 안전한 주거 환경을 경험할 수 있도록 지원이 확대돼야 한다.

고밍아웃
해도 될까요?

"너 고밍아웃했냐?"

고밍아웃은 고아와 커밍아웃의 합성어로, '보육원에 살았다는 것을 밝히는 행동'이라는 뜻이다. 자립준비청년들은 "너 고밍아웃했냐?"라고 물으며 잘 숨기고 살아가는지 서로 안부를 묻는다.

나는 비밀을 공개하는 경험이 있었던가. 굳이 찾아보자면 쌍둥이라는 정도일까. 간혹 쌍둥이라는 사실을 말하면 사람들은 깜짝 놀란다. 그럴 때면 남들과 다르다는 것이 새삼 특별하게 느껴진다. 물론 쌍둥이라는 것이 특별한 비밀은 아니니까 가볍게 넘어가지만, 이 의도치 않은 비밀이 만약 나의 약점이었다면 매 순간마다 놀랍다는 사람들의 반응에 나는 어떻게 말해야 했을까.

자립준비청년들은 어려서부터 자신들을 숨기며 평생 이런 고민을 하면서 살아간다. 그리고 '고밍아웃'은 이러한 거짓말과 상처가 켜켜이 쌓여, 더 이상 숨길 수 없게 되었을 때 일어난다.

S는 고밍아웃을 위해 대학교 친구들과 여행을 가기로 마음먹었다. 여행가기 며칠 전부터 친구들에게 '할 말'이 있음을 예고했고, 여행의 첫날밤 술을 잔뜩 마시고 '고밍아웃'을 했다. 친구들은 여행 전부터 비장한 예고를 들으며, 어느 정도 예상했었다고 했다. 친구들이 별일 아닌 것처럼 가만히 이야기를 들어주고, 생각보다 큰일이 일어나지 않았다는 사실에 안도를 했던 탓일까. S는 한참을 울었다고 한다.

고밍아웃은 보통 '비밀을 밝히지 않으면' 더 가까워질 수 없는 상태에 이르렀을 때 일어난다. 그 말은 더 가까워지고 싶거나 진짜 자기의 모습을 드러내고 싶은 상대라는 뜻이다. 그런 관계가 아니라면 대부분의 관계는 고밍아웃의 순간까지 이르지도 않고, 중단된다. 그럼에도 고밍아웃이 어려운 이유는, 고밍아웃을 하면 자신을 이상하게 볼 것 같다는 생각 때문이다. 고밍아웃을 했을 때 상대방이 미안해하며 펑펑 우는 경우도 있었다고 한다. 오히려 당사자들은 그렇게까지 울 일은 아닌데, '내가 정말 불쌍한 사람인가?'라는 생각이 들어 마음이 고마우면서도 씁쓸하다고 했다. 고밍아웃 후에 음식을 사주며 돈 한 푼 못 쓰게 한 선배도 있었다. 마음은 고맙지만 동정받는 것 같아서 괜히 말했나 후회하기도 한다.

고밍아웃을 들었을 때 어떻게 반응하는 게 좋을까? 사람마다 성격이 다르고 상황과 관계가 다르니 정답이 있는 건 아니다. 상대방을 배려하고 아껴주는 마음이라면 당사자들도 충분히 느낄 것이다. 다만 당사자들은 아무렇지 않은 것처럼 덤덤하게 들어주고 이후에도 특별히 더 신경쓰거나 도와줘야 하는 관계보다는 이전처럼 대해 주는 변함없는 관계가 좋다고 한다.

매번 자신의 과거를 숨기냐 밝히냐를 고민해야 하는 것은 인생의 많은 부분을 제한한다. 비밀을 갖고 아무렇지 않은 척 살아갈 수 있을까. 사람들이나 그룹으로부터 배제당할 것이라는 두려움과 불안함을 안고서는, 건강한 관계를 맺는 것은 어렵다. 동호회, 학부모 모임, 동창회 등 어느 모임에 가든 어느새 학벌과 직업으로 상대방을 평가한다. 학벌과 직업도 이럴진대, 보육원 출신이라는 비밀을 안고서 적극적으로 사람들을 만나기는 무척 어려울 것이다.

열여덟 어른 캠페인을 하면서 마지막으로 해결해야 하는 퍼즐은 '고밍아웃'에 있다는 생각을 한다. 많은 사람들은 자립준비청년을 위한 지원 제도가 있는데 왜 지원하지 않아서 미달이 발생하는지 궁금해한다. 용기를 내야 하는 것 아니냐며, 어쩌면 아직 덜 고생했기 때문이 아니냐는 섣부른 판단도 있었다. 하지만 고밍아웃을 맞이해야 하는 것이 죽는 것보다 더 싫은 것이라는 것을 이해하지 않고서는 이들을 위한 실제적인 지원이 일어날 수 없다. 통상적으로 자립준비청년들이 지원사업에 선정되기 위해서는 자기소개서를 써야 하고 면접을 봐야 한다. 자기소개서는 결국 자신이 어떻게 자랐는지 증명하고 보여줘야 하는 절차이다. 세상에서 기껏 힘들여 잘 숨기고 살고 있는데 지원받기 위해 자신의 과거를 들춰야 한다는 건 쉽지 않은 결심을 필요로 한다. 더욱이 서류 통과 후 면접을 하게 되면 생전 처음 보는 사람 앞에서 자신을 밝히는 순간이 닥쳐온다.

아름다운재단 지원사업의 면접을 담당한 한 심사위원은

“여기까지 오는데 정말 수고 많았어요”라는 말을 했다. 이 말을 들은 자립준비청년들은 “심사위원 님이 해 주신 한마디에 우리 다 울었어요. 수고했다는 말에 마음이 뭉클한 거예요”라고 말했다. 그 자리가 당사자들에게 어떤 의미인지를 이해한 심사위원의 말 한마디가 이들에게는 ‘나의 과거가 부끄럽지 않다’고 느끼게 한 것이다.

비밀은 삶을 괴롭게 만든다. 가면을 쓰고 살아가는 이상 행복한 삶을 사는 것은 어렵다. 이제는 자립준비청년들이 고밍아웃 때문에 남의 눈을 피해 살 필요가 없는 사회가 되기를 바란다. 그러기 위해서는 용기를 내라는 응원 대신, 이들의 삶과 마음을 먼저 이해하는 사회로 변화돼야 할 것이다.

TV 속
캔디 혹은 범죄자

"얼레리꼴레리. 서여름은 고아래요."

"아니야. 나 고아 아니야."

"우리 엄마가 너 고아 맞댔어."

이 장면은 2019년 KBS에서 방영된 드라마의 한 장면이다. 시청률이 25%나 나왔으니 대중적인 인기가 많았던 작품이다. 그러나 나는 이 장면을 보고 경악했고 대한민국 방송의 현 주소를 믿을 수 없었다. 이런 장면이 지상파 방송에서 버젓이 나올 수 있다는 것도 놀랍지만, 누구도 제지하지 않고 있다는 것이 더 큰 문제였다.

자립준비청년들 역시 이런 방송을 본다. '고아'라는 것 하나만으로 놀림당하는 것이 당연하다는 것을 배우고, '고아'라는 이유로 살인자 캐릭터로 설정되는 것을 보게 된다. TV 속 '고아'라는 단어는 '새끼'라는 단어와 항상 붙어 있으며 '근본도 없는' '싹수가 노랗다'와 같은 수식어와도 자연스럽게 연결이 되어 있다. 이런 장면들을 통해 세상이 자신들을 환영하지 않는다고 느낄 수밖에 없다.

TV 속 '고아 캐릭터'는 창작 캐릭터에 그치지 않고 당사자의 삶으로 침투하여 이들의 마음을 오염시켜 세상을 나쁜 방향으로 바라보게 한다. 미디어는 자립준비청년들에게 과거를 숨기라고, 절대 말하지 말라고, 세상은 너희를 범죄자나 약자로 생각하고 있다고 말한다. S는 TV에서 '고아'라는 단어가 나오는 순간, 가슴이 쿵 하고 내려앉았다고 한다. 누가 알까 싶어 숨기며 살았는데, TV는 거침없었다. 이런 장면이 나올 때마다 세상이 비난하는 것 같아서 깜짝 놀라며 위축되었다고 한다.

고아에 대한 이미지를 조사한 적이 있다. 한 번도 만나본 적 없는 고아에 대한 이미지를, 많은 사람들은 미디어를 통해 만들고 동시에 미디어의 이런 행태가 불편하고 잘못된 것이라고 생각하고 있었다.* 그런데 왜 아직까지도 미디어에서는 고아 캐릭터가 끊임없이 사용되고 있을까.

몇 년간 꽤 많은 영화감독, 작가, 영화 기획사들을 만났다. 이들을 만날 때마다 자립준비청년의 이야기를 부정적으로 그리지 말아 달라고 당부했다. 실제 당사자들의 삶에 너무 큰 영향을 미친다는 말을 덧붙였다. 한 드라마 작가는 충분히 공감한다면서 캐릭터의 결핍이나 범죄 이유를 설명하고 개연성을 만드는 것이 귀찮으니까, 캐릭터의 출신으로 범죄 이유를 갈음하는 것이라고 했다.

한 영화에서 범인이 이유도 없이 살인을 저질렀고 미스터리한 범행 동기는 영화가 얼마 남지 않은 시점에 밝혀졌다. "범인이 어릴 때 보육원에서 살았대." 이 말은 '보육원에서 자랐기 때문에 범인이라는 것'에 당위를 부여한다. 보육원에서 자란 이들에게 얼마나 무례하고 치욕스러운 말인가. 어떻게 이런 말들이 영화와 드라마 소재로써 용인되는 걸까. 창작자 입장에서도, 개연성의 부족함을 고아 캐릭터에 기대어 플롯을 완성하는 게으른 태도를 부끄러움 없이 보

* 전체 997개의 사용자 응답문 중 상위 85.46%인 850개의 응답문을 토대로 '이미지'라는 키워드를 중심으로 보았을 때, '드라마' '매체' '부정' '미디어' '영화' '가난' '개선' '영향'의 키워드가 차례대로 높은 가중치를 차지했다.

여주고 있는 것이다.

S는 이런 에피소드를 전해 줬다. 어느 날 S의 윗집에 외국인노동자가 이사를 왔다. 혹시라도 안 좋은 일이 생길까 싶은 마음에 겁이 나서 친구에게 얘기했는데, 그 친구는 '미디어 편견에 대해 문제 제기하더니, 너야말로 모순적이다'라고 꼬집었다고 한다. 솔직한 고백을 전해 준 S는 본인도 편견이 가득한 사람이구나를 깨닫고 반성했다고 말했다.

이렇듯 대부분은 무심코 편견이 생기고, 의도치 않게 상처를 주게 된다. 고아 캐릭터가 아닌 살아있는 존재로 동시대를 살고 있다는 것을 알리고 싶었다. 창작자들이 고아 캐릭터를 사용할 때는, 잠깐이라도 뜨끔한 마음이 생기기를 바랐다. 힘의 논리나 주장 때문이 아니라, 자립준비청년의 생각에 공감되어 어떻게 하면 고아 캐릭터를 사용하면서도 당사자들에게 상처와 편견이 되지 않을지 고민하게 하고 싶었다.

고아 캐릭터가 얼마나 많은 드라마, 영화에 사용되고 있는지 알리고자 영상을 제작했다. 영상에 출연한 자립준비청년들은 "비판의 목적보다는 드라마로 인해 저희들의 삶이 좌절되는 경우가 있다는 얘기를 드리고 싶다"고 어른스럽게 메시지를 전했다. 그리고 해당 영상에는 "미디어 업계에 종사하는 사람으로서, 미디어 속 안일함을 지적하면서도 종사자들의 입장과 마음을 이렇게 배려해 주시는 경우는 처음 본 것 같습니다. 따뜻함이 깃든 지적과 비판 잊지 않겠습니다. 감사합니다"라는 답변이 달렸다.

변화는 작은 공감에서부터 시작된다고 믿는다. 그리고 그 공감은 솔직하면서도 따뜻한 손짓에서 시작된다고 믿는다. 그래서 누군가를 비판하거나 잘못됐다고 말하고 싶지 않다. 서로 모르는 것을 알려 주고 상대방의 입장도 이해하는 따스함이 고아 캐릭터에 대한 변화의 시작이 아닐까 싶다.

편견 앞에 선
아이들

P는 학창 시절 회장 후보에 나가기로 했다. 담임 교사가 P를 불러 처음에는 형편이 어려우니 나가지 말라고 했지만, P는 그게 무슨 상관이냐며 주장을 꺾지 않았다. 그러자 부장 교사가 등판했다. 이번에는 약점을 잡아 공격했다. 당선이 되면 학기마다 햄버거, 피자, 치킨을 돌려야 되고, 학급비가 모자를 경우에는 학생 임원의 부모들이 채워야 한다고 했다. 돈을 인질로 삼은 공격에는 당해낼 수가 없었다. 억울했지만 받아들여야 했다. 그렇게 돌아서려는데 부장 교사는 P의 어깨를 붙잡으며 말했다. "너희 같은 애들은 쉽게 그만두고 꼭 탈선을 한다. 그러니 너는 그렇게 살지 말고 열심히 살아서 꼭 성공해야 한다."

교실에서 물건이라도 없어지면 자립준비청년들은 긴장

했다고 한다. 누군가 물건이 없어졌다는 말만 나와도 불안해졌다. 한 자립준비청년은 "우리 중에 이런 경험 안 했던 사람 없죠? 누구나 한 번쯤 누명쓰지 않았어요?"라고 했다. S는 도둑으로 의심받은 이후 땅에 떨어진 건 쳐다보지도 않았고, H는 선생님의 근거 없는 의심에 뚜껑이 열려 고함을 지른 적도 있다고 한다. 이들은 평생 항변하며 살아야 했으니, 얼마나 고단했을까 싶다.

결혼을 약속한 연인 또는 오래 사귄 연인의 부모님에게 상처받는 경우도 종종 일어난다. 보육원에서 홀로 살아야 했다는 고백을 듣고, 자식처럼 품어 주신 분들도 있지만, 당장 헤어지라는 말을 듣게 되는 경우도 있었다. 영원히 떼어낼 수 없는 딱지 앞에서는, 어떻게 살아가더라도 고아라는 편견이 삶을 마비시킨다.

S는 음식점에서 태국 고추를 맨손으로 만지는 작업을 반복하다가 손이 다 까지고 말았다. 손이 너무 아파서 일을 할 수가 없다고 얘기했고 사장님은 모든 걸 이해한다고 말했다. 하지만 일을 그만둔 뒤 사장님이 다른 아르바이트생들에게 "걔는 고아라서 끈기가 없어서 그만둔 거야"라고 말

했다는 것을 알게 됐다. 사장님을 믿고 보육원에서 퇴소했다는 비밀을 말한 것이었는데 세상에서 만난 어른은 마음에 깊은 상처를 남겼다. 이렇게 자립준비청년들은 자신의 삶을 만들어 가려는 의지를 가질 때마다 편견을 가진 어른들에게 부딪쳤다.

한 방송 프로그램 진행자가 인터뷰 촬영을 위해 재단에 왔다. 인사를 나눈 후 대뜸 S에게 말을 툭 던졌다. "보육원 나온 친구들을 만나 봤는데, 사실 다들 바르고 건강하지 않잖아? 근데 S는 밝고 건강하게 잘 컸네." 갑작스러운 발언에 옆에 있던 나는 아무 말도 하지 못했다. 그 진행자가 거짓말을 한 것은 아닐 것이다. 실제로 보육원을 퇴소하고 안 좋은 길로 빠지는 이들도 많으니까 이 말도 완전히 틀린 말은 아니다. 그렇다고 사실이라고도 말할 수 없다. 어떤 환경에서 자라는지도 모른 채 맥락과 배경을 무시하고 함부로 말한다는 것이 얼마나 위험한가. 더군다나 사실이라 해도 함부로 말해서는 안 되며, 더욱이 그 말에 상처받는 사람이 있을 때는 신중해야 한다.

촬영이 끝나고 날카로웠던 이 말이 마음에 맴돌았다. 그 순간에 문제 제기하지 못했던 것에 대해 S에게 사과했다. 이런 식의 무관심, 냉대, 무지를 빙자한 상처를 개선하고자 캠페인을 한 건데, 눈앞에서 직접 편견을 경험하니 참담했고 아득했다.

인생의 굽이굽이마다 예기치 못하게 비수를 꽂은 이들이 있었다. 자립준비청년들에게 용기를 내고 당당해지라고 요구할 수가 없었다. 보육원에서 살았다는 것은 덮기에는 너무나 큰 비밀이고, 펼쳐 보이기에는 이질적이었다. 남과 다르다는 것은 항상 이질감과 호기심을 불러일으키지만 '보육원 출신'이라는 말은 우리 사회에서 이방인으로 살 수밖에 없는 비밀이었다.

자립준비청년들은 매 순간 편견을 마주한다. 편견을 깨거나 편견에 걸려 넘어지거나 둘 중 하나다. 딱지가 떨어질 만하면 다시 생기는 것처럼 끊임없이 세상은 이들을 삐딱하게 바라본다. 자립준비청년들은 편견 앞에서 당당하기 위해 당사자들과 연대하고, 목소리를 높이려 하지만 근본적으로 성숙한 사회가 되는 수밖에 없다. 그 전까지 어떻게든 버티고 이겨내기를 간절히 바랄 수밖에 없다. 자립준비청년을 향한 편견은 오래 걸릴지라도 없어져야 하는 문제이다. 인식을 개선해야 한다는 멀고도 먼 이야기 앞에서 포기하지 않고 끊임없이 "그 시선을 거두라"는 요구를 할 수 있는 당연한 세상이 되길 바란다.

안전한
관계망에서

자립준비청년은 퇴소 이후 갑작스럽게 변화된 생활 환경에 적응하며 살아야 한다. 짧은 기간 동안 어른이 되는 과정을 거쳐야 하기 때문에 심리적으로 어려움을 겪을 수밖에 없다. 경제적 기반은 취약하고 미래는 불확실한 가운데 의지하고 기댈 곳도 마땅치 않은 것이 현실이다. 더군다나 '고아'라는 편견 앞에서 평생을 위축되어 살아왔다.

보건복지부와 한국보건사회연구원에서 진행한 '보호종료아동 자립실태 및 욕구조사'(2020)를 보면, 국내 일반 청년의 삶의 만족도 평균은 11점 만점에 6점인 데 비해 자립준비청년은 5.3점에 그치고 있어 행복감과 삶의 만족도가 낮은 것을 확인할 수 있다. 게다가 극단적 선택을 생각한 비율은 50%로 16.3%의 일반 청년보다 3배가량 높게 나타났다. 이렇다 보니 자립준비청년들이 심리적 안정감을 갖고 살아갈 수 있도록 여러 방안들이 논의되고 있다. 심리치료 프로그램, 좋은 후견인이나 멘토와의 만남 등 다양한 방안이 모색되고 있지만, 근본적인 문제를 해결하기 위해서는 자립준비청년들이 건강한 사회 관계망을 만들어 갈 수 있도록 해야 한다.

자립준비청년들은 어려서부터 부모, 보호자로부터 충분한 관계를 맺기가 어렵다. 대신 학교 선생님, 친구, 시설 내 어른, 친구 등과 관계를 맺으며 자라고, 퇴소 후에는 대학교, 직장에서 만난 사람과 관계를 맺으며 이들로부터 영향을 받게 된다.

자립준비청년들은 (퇴소 전) 부정적인 영향을 받은 대상으로 시설 내 어른(26%)이 가장 많았고, 학교·학원 친구(22%), 원가족(21%) 순이었으며 그들 때문에 '자존감 하락'과 '분노'를 경험했다고 밝혔다. 퇴소 후에는 대학·직장 등 사회에서 만난 사람(31%), 원가족(24%), 함께 생활한 시설 친구(14%) 순이었다.*

* 아름다운재단, '자립준비청년 관계망 설문조사', 2022.

부정적인 말들

학창 시절 친구 왜 만날 같은 옷만 입어? 너 거지야?

시설 원장님 (대학을 가려고 했을 때) 왜 4년제를 가려고 하냐 2년제 가라

친척들 너는 D라인이야.

학원 선생님 해도 안 된다.

다행인 것은, 자립준비청년들을 응원하고 삶을 지탱하도록 해 준 사람들도 많았다는 것이다. 퇴소 전 긍정적인 영향을 받은 사람으로는 학교·학원 친구(30%), 시설·선생님 등 시설 내 어른(22%), 함께 생활한 시설 친구(17%) 순이었으며 퇴소 후에는 대학·직장 등 사회에서 만난 사람(26%). 학교·학원 친구(18%), 시설 원장님 선생님 등 시설 내 어른(16%) 순이었다.

긍정적인 말들

시설 원장님 믿는다 ○○아

고등학교 선생님 고생했다.

친구 너의 결정을 믿어 스스로를 의심하지마

시설 이모 네가 나중에 어떻게 성장할지 몰라. 너무 마음 졸이지 말고 머리 숙이지 말고 당당하게 만나.

회사 차장님 (인복이 많다는 말에) "너는 그럴 자격이 있다."

부정적 영향보다 긍정적 영향이 당사자에 끼치는 영향이 더 큰 것으로 조사된 점은 눈여겨볼 만하다. 실제로 내가 만난 자립준비청년들은 긍정적인 말 한마디를 삶의 터닝포인트로 꼽는 경우가 많았다. 시설 원장님, 그룹홈 선생님, 대학교 친구, 회사 선배 등의 말이 이들 삶에 얼마나 큰 긍정적인 영향을 줬는지 실제로 경험할 수 있었다.

K는 자립 후 교회 찬양팀을 통해 안정감을 느낄 수 있었다. K가 어떻게 살아왔는지 알고 있는 구성원들은 편견 없이 대했고, K는 찬양팀을 통해 사회에서 살아갈 용기와 힘을 얻을 수 있었다. 힘들 때 의지할 수 있는 사람들이 있다는 것, 편견 없이 대해 주는 사람들과 마음 편히 어울릴 수 있다는 사실만으로 세상이 두렵지 않았다고 한다. 자립준비청년들에게 이런 모임들이 더 많아야 한다. 다만 모두가 사회적 관계를 바로 맺기는 쉽지 않다. 자립준비청년들도 과거를 숨긴 채 관계 맺기는 어렵다. 그렇다고 라포가 형성되지

도 않았는데 프로그램 때문에 모르는 사람을 억지로 만나는 것도 바람직하지 않으니, 자립준비청년 당사자들 모임을 먼저 맺는 것이 좋은 방법이라고 생각한다.

J는 장학금 지원사업을 통해 다른 자립준비청년들을 만났다. 처음 만났을 때에는 낯설기도 하고, 서로 경계하기도 했다. 1박 2일의 워크숍 중, 하루 일정을 마치고 저녁이 되어 방에 다 같이 둘러앉게 됐다. 비밀을 숨길 것도 없으니 자연스럽게 공감대를 나누며 마음이 열렸다. 이후 어려운 일이나 정보가 필요할 때면 먼저 묻고 일상을 나누는 관계들이 되었고, 이때 만난 사람들이 인생에서 가장 소중한 사람들이라고 했다. 공감할 수 있는 당사자 관계망 안에서 이들은 서로를 정서적으로 지지했고, 안정감을 받고 있었다. 당사자 모임을 통해 자립준비청년들은 차차 숨기지 않아도 된다는 당당한 삶의 자세를 배우게 된다.

열여덟 어른 캠페인 이후 많은 자립준비청년들이 당당하게 활동하는 일들이 많아졌다. 막연히 세상이 비난하고 손가락질할 것이라 생각했지만, 실제로 세상에 나선 자립준비청년들(캠페이너들)에게 응원의 목소리가 더 많다는 것을 확인한 것이다. 한 명, 한 명의 용기가 살얼음 같던 편견을 깨고 괜찮다는 안정감을 준 것이다. 세상이 욕할 것 같고, 나 혼자만 힘든 것 같았는데, 나뿐만 아니라 같은 고민을 하는 사람들이 생각보다 많다는 것을, 다들 비슷한 경험을 하면서 살아가고 있다는 것을 알게 된 것이다. 혼자만 외롭게 살아가지 않아도 된다는 것이 자립준비청년들에게 위로와 용기를 주었다고 생각한다.

자립준비청년들이 관계 맺기를 어려워하는 다른 자립준비청년들에게 해주고 싶은 말들이 있다.

- 모두에게 잘하려고 하지마! 모든 관계에 애쓰지 않아도, 너 자체로 좋아해 주는 사람들과 관계를 맺어가길 바란다.
- 세상은 생각보다 보호종료 아동들에게 관대합니다. 너무 남의 시선을 의식하지 마시고 꿈꿔왔던 일을 위해 달려 나가세요!
- 모든 사람이 나쁘거나 손가락질 하지 않는다는 걸 알았음 좋겠다.
- 그래도 괜찮아.
- 눈치를 보는 것보다는 용기를 내어 세상에 나아가는 용기를 가지는 것!

자립준비청년들이 건강하게 살아가기 위해서는 안전한 관계들이 더 많아져야 한다. 당사자 관계망으로 시작해서 친구, 학교, 직장 등에서 긍정적인 관계를 계속해서 맺어가야 한다. 그러기 위해서는 자립준비청년을 향한 편견이나 동정의 시선이 거두어지길 바란다. 자립준비청년들에게도 남은 숙제가 있다. 마지막 말에 보듯이 자립준비청년들도 '그래도 괜찮아'라는 희망을 갖고 세상에 나아가길 바란다.

열여덟 어른 캠페인

아름다운재단이 자립준비청년 지원사업을 20년째 하고 있었음에도 불구하고 세상에 나온 이들을 향한 지원이나 인식은 별로 바뀌지 않았다. 자립준비청년을 위한 과제가 무엇인지 말하고 싶었다. 그러나 당사자가 아닌, 아름다운 재단이 목소리를 높인들 얼마나 많은 사람들이 공감할 수 있을지 자신이 없었다.

자립준비청년 중에 캠페인을 직접 진행하는 캠페이너가 되어 당사자의 생각과 목소리를 전달할 사람은 없을까 궁금했다. 그리고 이들이 숨어야만 하는 이유도 아이러니했다. 잘못한 것도 없는데, 세상의 동정과 편견 때문에 자립준비청년들은 자신의 정체를 들키면 안 되는 존재였기 때문이다.

우여곡절 끝에 자립준비청년들을 한 명씩 만날 수 있었다. 그러나 자립준비청년들에게 캠페이너가 되어 캠페인을 함께하자고 설득할 수는 없었다. 이름과 얼굴을 노출하여 자립준비청년이라는 것을 밝히는 것은 당사자에게는 인생을 건 문제였기 때문이다.

그럼에도 4명의 자립준비청년들이 캠페이너로서 참가하여 당당히 목소리를 내는 것에 동참했다. 이들은 자라면서 받은 도움을 기억하고 있었고, 자립 후 겪은 어려웠던 시간들이 후배들에게 반복되지 않기를 바라는 마음을 갖고 있었다. 이미 나눔의 선순환을 생각하고 있던 이들이, 마침 타이밍 좋게 찾아간 아름다운재단의 손을 잡아준 것이었다. 이렇게 열여덟 어른 캠페인은 시작되었다.

열여덟 어른 캠페이너는 이름과 얼굴을 밝히는 데 그치지 않았다. 각자의 문제 인식을 꺼내놓고, 이를 자신이 할 수 있는 다양한 프로젝트로 만들어냈다. 디자인을 꿈꾸던 자립준비청년은 디자인 프로젝트로, 연극 배우였던 자립준비청년은 연극 프로젝트로 자신의 꿈과 적성을 활용한 당사자 프로젝트로 연결했다. 당사자 프로젝트의 원칙은 당사자로부터 시작하는 것이었다. 그러다 보니 미리 기획을 하지 않았고, 캠페이너가 자신의 생각을 들려주는 순간부터 시작했다. 그 결과 13명의 자립준비청년들이 당사자 캠페이너가 되어 주었고, 17개의 당사자 프로젝트를 진행할 수 있었다.

우리 캠페인의 메시지는 첫 해부터 지금까지 동일하다. 열여덟에 어른이 될 수밖에 없는 자립준비청년이 우리 곁에 있다는 것을 알리는 것이다. 그리고 이들을 동정과 편견으로 보지 말고 '보통의 청춘'으로 봐 달라는 메시지였다.

열여덟 어른 캠페인 오픈을 준비하며 영상을 만들었다. 청춘의 모습을 보여 주기 위해 서울의 빌라촌이 한눈에 보이는 옥탑방에 모였다. 서울이 내려다보이던 옥탑방에 선 4명의 청춘들의 어깨는 당당했고, 경쾌했고, 건강해 보였다. 대중의 반응은 뜨거웠고 KBS <거리의 만찬> 촬영, 각종 언론사 인터뷰들이 이어졌다. 한 번도 조명받지 못했던 자립준비청년이 사회에 관심을 받기 시작한 것이다. 언론을 시작으로, 대중의 목소리와 각종 지원단체들의 관심이 높아졌고, 결국 정부의 움직임까지 이끌어 낼 수 있었다. 2021년 보호종료아동 지원강화 방안으로 기존 정책안이 개선되었고, 2022년 자립준비청년 지원 보완대책이 발표되었다.

많은 사람들이 '열여덟 어른'의 존재에 감응한 것이다. '만 18세에 세상에 나와서 살아야 한다는 것이 얼마나 어려울까' 공감하면서도 용기 있게 방송에 나선 캠페이너들을 응원해 주었다. 여러 변화들 중 가장 반가운 것은 자립준비청년 당사자들의 반응이었다. 첫 해 캠페이너들의 당당하고 주체적인 활동 모습을 본 한 후배는 "저도 과거를 당당하게 얘기해도 되는지 몰랐어요"라고 전했다고 한다.

열여덟 어른 캠페인에 보내온 메시지 중에는 자신도 보육원을 퇴소한 자립준비청년이라고 얘기하는 이들이 많았다. 40세가 넘어 이제는 잘 살고 있다며 파이팅하자는 분도 있었고, 여전히 돈 관리 등 어려움을 겪고 있다고 토로하는 이도 있었다. 그러나 한결같이 이들은 힘들어도 이겨내 보자는 메시지와 잘 살아보자는 희망을 전했다.

어쩌면 이때가 처음으로 세상에 얼굴과 이름을 밝히고 나선 자립준비청년들의 연대와 공감의 변화가 시작된 순간이 아니었을까. 당당히 나서는 누군가가 있었기에 응원해 주는 이들도, 반성하는 이들도 있었고, 무엇보다 당사자들 사이에서 '이렇게 당당히 과거를 밝혀도 되는구나'라는 것을 느끼게 한 것 같다.

열여덟 어른 캠페인의 시작에는 캠페이너들의 작은 용기와 이를 응원하는 많은 이들의 마음이 있었다. 이 여정이 어디까지 가게 될지는 모르지만 매 순간 진실하기를 원한다. 인생을 걸고 함께해 준 당사자들과 공감하며 응원해 주는 분들이 있었기 때문이다. 열여덟 어른의 존재를 알리고 보통의 청춘으로 바라볼 수 있도록 갈 수 있는 데까지 가보기로 했다.

이방인에서 당사자로 랩을 하다

이진명

진명이는 자기만의 공기가 흐르는 친구였다. 쉽게 말을 붙이기도 조심스러웠고 거리감이 느껴지기도 했다. 농담을 하며 분위기를 띄워보려는 다른 친구들에 비해 진명이는 사람들을 경계하고 있었다.

서로를 알아가는 순서가 이어지면서 한 명씩 조심스레 자기를 보여줬다. 친분 없는 이들이 마음을 열며 안전망을 만들어 갔다. 시간이 흐르자 진명이의 자세가 바뀌기 시작했다. 밖을 향해 반쯤 돌아있던 몸이 어느새 말하는 이를 향하고, 창문을 바라보던 시선이 사람에게 꽂히고 있었다. 어느덧 진명이가 자기의 생각을 말하는 순간이 되었다.

"솔직히 저는 오늘 충격받았어요. 이런 모임일 거라고는 상상도 못했어요. 사실 돈 때문에 여기에 왔는데, 오늘 여러 분의 얘기를 들으면서 정말 많이 배웠습니다."

시간이 흐르고 열여덟 어른 캠페인 시즌 3를 준비할 때였다. 진명이는 <쇼미더머니>에 나갈 만큼 랩을 좋아했고 앨범을 제작해 본 경험도 있었다. 재능을 활용해 캠페이너로서 당사자 프로젝트를 해보지 않겠냐는 제안을 진명이는 사양했다. 연말에 군 입대가 예정되어 있어서 그전까지 최대한 많은 돈을 벌어야 제대 후 음악 활동을 할 수 있다고 했다. 꿈을 향해 열심히 달려가는 진명이는 항상 바빴다. 몇 개의 아르바이트로 정신없는 하루를 보내고 나면, 집에서 밤늦게까지 음악 공부를 했다.

며칠 후 진명이에게서 캠페인 활동을 하고 싶다는 연락이 왔다. 자립준비청년으로서 세상에 이야기를 꼭 하고 싶어졌다며, 아직 준비되지 않았지만 기회가 생겼을 때 용기 내보겠다는 것이다. 세상을 향해 이름과 얼굴을 밝혀야 한다는 부담과, 세상을 향해 하고 싶은 이야기가 있다는 것 중 어느 쪽으로 마음이 더 향하는지 저울질을 해보고 나면, 자립준비청년들은 캠페이너가 되기로 결심을 해주었다. 성공할 수 있다는 장담도, 지원해 주겠다는 보상도 없이, 당사자의 목소리를 전하고 싶다는 그 하나의 목적에 동의했던 것이다. 그렇게 거칠고 투박한 진명이는 진지하고 솔직하게 자기의 이야기를 풀어 나갔다.

어린 진명은 아빠, 할머니, 동생과 함께 살았다. 아빠는 거칠고 무서웠다. 거친 삶 속에서 할머니는 위로가 되어 준 유일한 분이었다. 학교 공개 수업에도 할머니가 엄마의 빈자리를 채워 준, 세상에서 진명이를 가장 사랑해 준 사람이었다.

그런 할머니가 아프게 된 후로 진명이는 할머니의 병간호를 책임져야 했다. 할머니는 어린 진명이를 지켜주고 사랑해 준 가장 든든한 어른이었는데, 어느새 진명이는 할머니의 모든 것을 챙겨야 했다. 1년의 시간이 지난 어느 날, 어두운 표정의 진명이를 향해 할머니가 말씀하셨다. "진명아 힘들어 보인다. 항상 웃어라." 그렇게 할머니는 진명이에게 마지막까지 따뜻한 정을 남기고 떠나셨다.

사춘기 소년에게 탈출구는 집 밖에 있었다. 힙합을 알게 되면서, 가사들이 귀에 꽂혔고 마음속 응어리가 풀리는 느낌이 들었다. 귀에는 항상 이어폰이 꽂혀 있었고 학교 복도를 오가며, 친구들 앞에서 랩을 하며 그 시간을 버텨냈다.

할머니가 떠난 후 아버지와 마찰은 더 깊어졌고 결국 어느 날 가방을 싸서 학교에 등교를 한 후, 다시는 집에 돌아가지 못했다. 아동보호기관에서 출동을 했고 보호센터로 보내져 학교도 가지 못하고 핸드폰도 뺏겼다. 보호와 치료라는 명목하에 본인의 의사와 상관없이 자유를 통제당했다. 진명이는 센터에 갈 때만 해도 '세상에서 내가 가장 불행한 사람이구나'라는 생각을 했지만, 그곳에서 또 다른 어려운 환경 속에서 자란 친구들을 만나게 됐다. '나와 비슷한 환경에서 자란 친구들이 생각보다 많다는 걸' 알게 되면서 아이러니하게도 처음으로 살아볼 용기가 났었다고 고백했다.

다행히도 열일곱 살에 보호센터를 나와 보육원으로 옮겨졌다. 중간에 입소한 진명이는 이곳에서 이방인이었다. 모든 것이 생소했고 궁금했고 새로웠다. 어느 날 아침, 반 친구들이 모여 있었다. 가정 폭력으로 학대받은 아동에 대한 뉴스를 얘기하며 안타까워했다. 그리고 친구들이 보육원 친구에게 "고아 새끼"라고 말하는 것을 보게 된다. 진명이는 처음으로 이들의 삶에 대해서 생각하게 되었다.

진명이의 눈에 보육원 아이들은 무채색이었다. 이들은

자기가 무엇을 좋아하는지, 무엇을 하고 싶어 하는지 고민할 기회가 부족해 보였다. 한번은 보육원 친구와 함께 영화를 보러 갔다. 범인의 범죄 이유는 '범인이 보육원에서 자랐대'라는 말로 대신했다. 영화관을 나서며 진명이는 옆에 있는 친구에게 이건 아니지 않냐며 분개를 했지만, "뭐 어쩔 수 없지"라며 친구는 자포자기한 듯이 말을 했다. 진명이는 왜 이런 것을 포기하고 받아들이는지 이상했다.

진명이는 "방관이란 무엇이며 책임이란 무엇일까. 왜 다들 나를 극한의 상황으로 몰아붙일까?"라며 토해냈다. 진명의 눈에는 부조리와 모순으로 점철된 사회가 보였다. 그곳에는 어른들이 있었다. 경계를 넘을 때마다 진명이가 만난 사람은 어른들이었다. 그때마다 따뜻한 환대는커녕, 자세한 설명도 듣지 못했다. 어떠냐고 물어봐 주는 이들도 없었다. 그래서 진명은 아이들이 원하는 것은 따뜻한 말 한마디라고 전하고 싶었다.

이진명 프로젝트는 꿈을 향한 도전이 되기를 바라며 본격적인 음악 프로젝트로 진행되었다. 몇 번의 수정을 거쳐 진명이의 노래는 완성되었다. 열일곱 살에 보육원에 들어가면서 느낀 생각들과 불완전한 존재로서 살아가는 이야기를 전했다. 앨범 제목은 <토이스토리>. 진명이는 보육원 안 아이들이 예쁨받고 싶어 하는 인형 같다고 느꼈다. 한정된 인력과 마음의 한계로 인해 보육원의 아이들은 사랑을 충분히 받지 못하고 삶의 다양성을 모른 채 자라는 것이 안타까웠다고 했다. 이에 비록 각자 다른 곳에서 왔지만 가족이 되었던 애니메이션 <토이스토리> 이야기처럼, 다른 형태의 가족이었다는 것을 말하고 싶었다. 이 메시지는 뮤직비디오 컨셉으로도 이어졌다.

진명이는 뮤직비디오를 통해 컨베이어 벨트 같은 시스템에서 자라는 모습을 보여 주려고 했다. 진명이는 여기서 끝없이 달린다. 인형 뽑기 인형으로 존재하지 않기 위해 끝없이 밖으로 나가려고 열망했다. 결국 마지막 장면에서 인형은 기계 밖 인형 투입구에 덩그러니 놓여지는데 이는 세상 속에 던져진 자립준비청년을 의미한다.

노래와 뮤직비디오 그리고 브이로그 등은 많은 사람들의 관심을 받았고, 응원의 메시지들이 이어졌다. 구독자 2,430만 명의 음악 전문 유튜브 채널 <1theK>에도 소개되었고, 경향신문 지면에도 진명이와 MC메타의 인터뷰와 함께 <토이스토리> 이야기가 실렸다. 그렇게 우리 프로젝트는 멋지게 완성됐고, 진명이는 군입대 직전까지 프로젝트 활동을 마무리했다.

군 생활을 하고 있는 진명이에게 연락이 왔다. "연초에 팀장님의 제안을 거절했으면 지금 어떤 모습일지 싶어요. 이 프로젝트를 더 열심히 하려는 저를 보며, 많이 서툴렀지만 그동안 알지 못했던 저를 마주한 것 같아요. 그동안 힘들었던 시간들을 이 프로젝트를 통해 보상받고 싶었던 게 컸던 것 같아요. 그래도 이 과정이 있었기에 지금은 저를 더 사랑해야 한다는 것도 다시 느끼고요. 팀장님을 만나기 전 제 모습은 기억이 안 날 정도로 저는 긍정적으로 많은 걸 얻었습니다. 저도 그때 제 자신을 안아주고 싶다는 생각이 드네요. 너무 귀하고 값진 기회를 주셔서 감사합니다. 성실히 군 복무하면서 저를 더 사랑하는 시간을 가질게요."

'저를 더 사랑해야 한다는 것, 안아주고 싶다는, 더 사랑하는 시간을 갖겠다'는 고백이 나를 들뜨게 했다. 인생에서 자기를 사랑하는 것보다 더 중요한 것이 어디 있을까. 진정한 변화는, 자기를 사랑하는 마음이 싹트는 것부터 시작된다고 믿는다. 인생의 깊이와 열정이 거대했던 한 사람의 여정에 동참시켜 줘서 고맙다는 말을 하고 싶다. 한 사람의 가치는 어마어마하기에 더 감동스럽다.

'나의 어린 고래에게'

안연주

늦둥이로 태어난 연주는 어릴 적 부모님의 사랑을 받으며 자랐다. 늦게 태어난 딸이라서 아버지가 특히나 더 예뻐하셨다. 하지만 부모님은 이혼을 하셨고 어머니는 그즈음 발생한 교통사고와 합병증으로 병원에 입원하게 됐다. 보호자는 초등학생인 연주뿐이었다. 자연스레 연주는 병원에서 먹고 자며 생활하게 되었고, 그렇게 병원은 연주의 집이 되었다. 연주의 옷에서는 항상 병원 냄새가 났다. 왜 만날 같은 옷을 입냐는 학교 친구의 말에, 아픈 엄마를 졸라서 새 옷을 사 입었어야 했다. 아픈 엄마는 어린 연주의 마음을 보살피려 최선을 다했다.

하루는 학교에 다녀온 연주에게, 엄마는 이불 밑에서 손도 안 댄 식판을 꺼내 연주에게 주었다. 따듯한 음식을 주고

자 했던 엄마의 마음이 담겨 있었다. 연주는 "자신이 보호자인 줄 알았었는데, 지금 생각해 보니 엄마는 나를 그 상황에서도 보살피고 계셨다"라고 회상했다.

모두가 잠든 밤 조용한 병실에서 연주는 글을 썼다. 하루의 소소한 이야기를 적다 보면 어느새 엄마가 낫기를 바라는 기도문이 되었다. 글을 쓰며 상상과 희망을 담아 여기저기로 여행을 가기도 했고, 다른 사람이 되어 보기도 했다. 그것만이 현실에서 벗어날 수 있는 유일한 길이었다.

고1이 되었을 때, 오랜 시간 아팠던 엄마는 세상을 떠났고 연주는 눈물조차 흐르지 않았다. 평생 엄마의 보호자였고 엄마를 보살펴야만 했던 연주는 처음으로 자기의 시간을 가질 수 있었다. 그러다 어느 날 집에 들어온 순간, 이 세상에 홀로 남겨졌다는 것을 느꼈다. 그제서야 엄마를 다시는 볼 수 없다는 현실을 마주하게 되었고, 연주는 하염없이 눈물을 흘리며 외로움을 오롯이 견뎌내야 했다. 그렇게 혼자 남은 연주는 공동생활가정인 그룹홈으로 가게 되었다.

"좀처럼 웃지 않고 어딘가 불안해 보였어." 그룹홈 선생님이 기억하는 연주의 첫인상이다. 그룹홈에는 여러 규칙들이 있었다. 통금 시간을 비롯한 짜여진 공동 생활들로 인해 연주는 적응하기가 어려웠다. 짜증 나기도 했지만, 하고 싶어도 할 수 없다는 것, 하기 싫어도 해야 한다는 것을 배워가면서 어느새 안정감을 갖게 되었다.

어느 날 선생님은 연주를 따로 불러서 같이 시장을 보러 가자고 했다. 손을 잡고 사람들 사이를 걸으며, 단둘이 얘기를 나눈 경험은 연주의 삶에 일상의 냄새를 담아 주었다. 저녁이 되면 선생님 무릎에 머리를 대고 TV를 보며 누군가의 마음을 느낄 수 있었다. 불이 꺼진 방에 누워 가족들과 수다를 떠는 경험은 사랑을 받는다는 감정을 느끼며 마음을 돌볼 수 있게 해줬다.

그룹홈 가족들과 헤어져 다시 세상의 문을 열고 나와야 하는 시간은 다가왔다. 예전과는 달리 조금은 홀로 설 수 있는 준비가 되었다고 생각했었다. 그러나 편의점 알바를 하며, 다른 알바생에게 들었던 말이 모든 걸 무너뜨렸다. "부모가 없어 그렇구나." 정말 듣고 싶지 않았던 말이었는데, 세상은 연주를 또다시 무너뜨렸다. 다행히 연주는 친구들을 통해 무너진 마음을 그대로 두는 법을 배울 수 있었다.

연주의 삶은 '안연주 프로젝트'로 이어졌다. 연주는 자기와 같은 환경에서 자라고 있을 어떤 아이를 생각했다. 어린 마음 밭에 작은 씨앗을 심어 주면 몸이 자랄 때 같이 자랄 것이고, 이것이 그 아이에게 위로가 될 것이라고 믿으며 동화책을 쓰고 싶다고 했다.

연주는 아르바이트를 마치고 집으로 돌아가던 어느 날을 기억했다. 늘 남의 눈에 맞춰서 자신의 마음을 돌보지 못하고 스스로 더 엄격하게 대했던 유난히 벅찼던 날이었다. 마음 속 깊은 곳에서 '쿵' '쿵' 무엇인가 부딪치고 있었다. 이전부터 계속 들려왔던 마음 속 쿵쿵거림을 그제서야 직면했고, 예쁘게 포장해 놓은 마음 깊숙한 곳에 있었던 아픔을 솔직히 고백해도 된다는 것을 알게 되었다.

그리고 이 이야기는 동화책 '나의 어린 고래에게'로 세상에 나오게 되었다. 연주의 마음바다 깊은 곳에서 홀로 있던 회색빛 고래 '고백'이는 오랜 시간 외로웠다. 언제부터 깊고 어두운 그곳에 있었는지 모른다. 하지만 어린 시절 병원 간이침대에서, 교실에서, 어두운 거리를 걸을 때 연주는 '고백이'와 함께 있었다. 고백이를 직면한다는 것은, 삶의 약점과 아픔을 보이는 것이었기에 누군가에게 들켜서는 안 되는 마음이었다. 그래서 고백이가 쿵쿵 거릴 때마다, 깊숙한 곳으로 숨으라고 다그치곤 했다. 누구도 보지 못하도록 아름다운 해변을 꾸며 놓고 살았지만, 연주는 이제 오랜 친구 고백이를 따뜻하게 안아주고 싶다고 했다.

고래가 가까이 다가오자
나는 고래를 큰 소리로 꾸짖었어.
"함부로 소리를 내고 나오려고 하면 어떻게 해?
사람들한테 들킬 뻔했잖아!"

그러자 고래는 깜짝 놀라며 웅얼웅얼 대답했어.
"미안해. 하지만 계속 숨을 참고 있을 수가 없었어. 바닷 속은 너무 답답해."

나는 고래의 말을 듣고 싶지 않았어.
그래서 더 크게 마구 화를 냈어.
"넌 정말 내 바다에 어울리지 않는 녀석이야! 예쁘지도 않고 보잘것없이 커다랗기만 하잖아. 아무도 너를 좋아하지 않을 거야!"

(…중략…)

사람들은 내 고래를 보고 놀란 것 같았어.

나는 눈을 질끈 감아 버렸어.

"이제 다 망했어. 아무도 이곳이 멋지다고 생각하지 않을 거야.

까맣고 이상한 고래가 사는 바다니까. 모두 떠날 거야. 그리고 다시는

찾아오지 않겠지?"

혼자가 되는 것이 너무 두려워서 눈을 뜰 수가 없었어.

(…중략…)

나는 한 발 한 발 조심스럽게 고래에게 다가갔어

우리는 한참 동안 눈을 맞췄어

고래의 얼굴을 처음으로 만져 보고

살포시 볼을 대어 보기도 했어

"내가 너무 못되게 굴어서 미안해."

"괜찮아. 너도 힘들었지?"

고래와 나는 마음으로 긴 이야기를 나누었어.

나는 용기를 내어 말하기로 했어.

그동안 마음바다 깊은 곳에 꼭꼭 숨겨 두었던

내 오랜 친구에 대해서 말이야.

"있지…… 내 고래의 이름은 고백, 고백이야."

— 안연주, '나의 어린 고래에게', 아름다운북

연주의 동화책은 여러 서점에서 판매가 되었다. 꼭 출판하여 연주에게 첫 작품으로 선물해 주고 싶었던 바람도 이뤄졌다. 기쁜 소식도 있었다. SM엔터테인먼트와 협업을 하면서 소녀시대 써니 님이 '나의 어린 고래에게' 오디오북 제작에 재능기부로 참여하기로 한 것이다. 상암의 한 녹음실에서 만난 써니 님은 연주의 동화책을 읽으며 눈시울이 붉어졌다고 했다. 녹음실에 들어간 써니 님이 첫 문장을 읽는 순간 어린 연주(누리)와 고백이의 목소리가 들려왔다. 연주의 마음바다와 고백이 이야기는 이렇게 세상에 전해졌다.

세상이 자립준비청년들의 이야기를 이상하게 받아들이면 어쩌지 걱정했던 건 기우였다. 동화책을 통해 보내준 분들의 공감과 응원은 큰 힘이 되었다. 한 블로거는 "어린 시절 상처받기 쉬웠고 두려움이 많았던 내 모습과 많이 겹쳐 보여서 책을 읽으면서 울컥한 느낌을 받았다"고 했다. 마음속에 아픔과 상처를 숨기고 사는 많은 이들에게 연주의 마음이 전달이 된 것이다. 상처 나고 서투른 고백이었지만 많은 이들에게 오히려 묵직한 위로가 돼 주었다.

병실에 누워 끄적이던 상처 많았던 글들이 이제는 밤하늘의 별을 담은 글로 빛나게 되었다. 한 사람의 마음이 움직였을 때 두 사람, 세 사람의 마음도 위로받는다는 것을 알게 되었다. 이렇게나 우리의 마음은 쉽게 상처받고, 쉽게 위로받는다는 것을 왜 몰랐을까. 짧은 세상 살아가며 서로 품앗이 하듯이 마음을 기대고 쉴 수 있는 마음바다를 가지길 소망하며 연주의 끝없는 마음 나눔을 기대하려고 한다.

자립은
현재 진행형

자립 : 남에게 예속되거나 의지하지 아니하고 스스로 섬

자립준비청년들의 냉혹한 현실에 많은 이들이 안타까워했다. 덕분에 많은 변화들이 생기고 있고 이 정책들을 기반으로 자립준비청년들은 자립을 해내야 한다. 만 18세에 자립을 해내야 했던 현실이, 이제는 당사자의 선택에 따라 만 24세까지 시설에서 머물 수 있게 되었다. 기존보다 유예 기간이 생겼으니 어느 정도 숨통은 트인 것이라고 할 수 있다.

어른이 되면 스스로 책임을 져야 한다는 사회적 요구가 생긴다. 자립준비청년들에게도 어른이 되었으니 '자립'의 완성을 요구하는 셈이다. 이름부터 자립준비청년이고, 모든 사업마다 '자립'이라는 단어가 붙어 있다 보니 자립 강박

증이 생길 정도이다. 자립준비청년 입장에서는 본인들 빼고 기존 사회 구성원들은 이미 어른으로서 자립에 성공한 사람들인 셈이다. 자립준비청년들은 미성숙한 상태로 서둘러 자립에 성공해야, 사회 구성원의 많은 어른들처럼 진정한 어른이 된다고 여길 수밖에 없다.

K는 최근 자립 수당 기한이 퇴소 후 3년에서 5년으로 연장이 안 되었더라면 막막했을 것 같다고 안도했다. 하지만 어차피 2년 후에 다시 닥칠 일이다. 이렇게 당사자들은 자립 완성 기한까지 몇 년 남았는지 카운트다운을 하면서 자립을 준비한다. 이 말이 나에게는 이렇게 들렸다. 사회에서 우리에게 관심을 보이고 지원해 주는 것은 이제 2년 남았다고. 그 이후에는 나는 다시 혼자가 된다고 말하는 것 같았다. J는 2개월만 늦게 퇴소했더라도 5년으로 자립수당을 받을 수 있는 기간이 연장되었을 것이다. 아쉽게도 더 이상 자립수당을 받지 못하는 상황임에도 J는 속상해하지 않았다. 그저 이미 충분히 지원을 받았고 오히려 자립수당 지원이 끊기게 되니 생계를 위해 더 열심히 돈을 벌어야 된다는 걸 실감한다고 했다.

나는 그 말을 듣고 안타까웠다. 자립을 이뤄야 한다는 명제를 너무나 날것 그대로 받아들일 수밖에 없는 현실이라는 게 미안했다. '자립을 해야 하니까. 생계를 위해 최선을 다하며 살아야 하니까.' 아직은 꿈을 꾸면 좋을 나이에, 더 많은 경험을 하면 좋을 나이에 그는 자립을 걱정하고 있었다. 생계를 덮어 둘 수는 없겠지만, 아르바이트를 하면서도 먹고살기 위한 걱정만 하는 것과 미래를 꿈꾸며 하는 것은 전혀 다른 삶을 살게 한다고 믿는다.

자립은 돈의 개념만이 아니다. 자립의 요소에는 경제적 자립을 포함하여, 사회 관계적 자립, 자기 삶을 설계하는 능력, 외부로부터 자신을 지킬 수 있는 내면의 힘, 문제가 생겼을 때 헤쳐 나가기 위한 노력 등 인간으로서 자립의 개념은 다양하고 복합적이다.

한동안 자립준비청년을 지원하는 정책은 자립정착금과 개인후원금밖에 없었다. 이는 경제적 지원을 통해 자립을 이루라는 의미를 내포한다. 하지만 최근 발표된 개정안에서는 여러 층위의 지원이 포함되었다. '보호종료아동'이라는 단어를 '자립준비청년'으로 바꾼 것이다. 단어 하나가 자립준비청년과 대중에게 부정적인 영향을 미친다는 사실을 인지한 것이다. 그래서 자기 정체성에 대한 긍정적 회복이 필요하다고 정부도 이해한 것이라고 생각한다. '관계망 커뮤니티'를 확산하겠다는 정책도 포함되어 있다. 자립의 요소에 관계망이 얼마나 중요한지 인식하고, 활성화시키기 위한 것이다. 또한 심리정서지원, 공공후견인 제도, 고용기회 확대 등 다양한 층위의 지원을 만들어 가겠다고 했다. 이 모든 것이 자립준비청년에게 필요한 자립의 조건들이기 때문이다.

자립이라는 뜻 때문에, 자립은 스스로 하는 것이라고 생각하는 경우가 많다. 자립은 혼자서 하는 게 아니다. 국가와 사회라는 시스템이 존재하는 한, 공동체에서 함께 살아갈 것이다. 도움을 받던 사람도 시간이 지나면 누군가를 돕는 사람으로 존재할 수도 있다. 그러니 정부의 예산과 민간 지원사업들이 자립준비청년들을 돕는 것이라고 생각하기보다, 우리 사회를 위한 투자라고 생각하는 것이 더 맞을 것이다. 경제적 지원을 포함하여, 사회가 응원한다는 메시지, 마음이 힘들 때 모일 수 있게 하는 관계망, 심리 정서를 위한 프로그램, 당당해도 된다는 당사자들의 목소리, 너는 소중하다는 어른들의 말 등으로 우리는 자립준비청년들이 도움을 받을 뿐 아니라, 언젠가는 누군가를 돕는 존재가 될 수 있도록 다양한 투자를 하고 있는 것이다.

많은 기회들이 생기고 있는 요즘이다. 자립준비청년들도 이 기회를 '돈'이라는 문제에만 국한시켜서 해결하기보다, 잘 살고 행복해지고 싶은 삶을 이루기 위해 욕심을 내고 살아야 한다. 그래야 오래 지속적으로 자신의 삶을 가꾸고 다듬어 갈 수 있다. 경제적 자립만을 꿈꾼다면, 어느 순간 한 번만 넘어져도 일어날 힘을 가질 수가 없다. 그러나 내면의 힘을 키울 수 있다면, 바로 서지 못하더라도 두 다리로 일어서려는 노력을 할 것이다.

최근 만난 열여덟 어른 캠페이너들이 가끔 이런 말들을 한다. "예전에는 왜 숨었는지 모르겠어요. 이제는 진짜 아무렇지도 않아요." 이런 말들을 들을 때면 자립이 어떤 모습인지 조금은 알 것 같다. 남들과 다르다는 흔적을 지워내고 아무렇지 않다고 하는 지금, 이제서야 자립의 시작점에 제대로 선 것 아닐까. 이런 고백을 한 자립준비청년들은 경제적으로는 잘살 수도 있고, 못살 수도 있겠지만, 한 인간으로 자신의 내면을 들여다보고, 남들과 비교하지 않으며 건강한 삶을 영위하기 위한 노력들을 할 것이라고 믿는다.

자립준비청년 인터뷰

열여덟 어른 캠페이너들이 인터뷰어가 되어 자립준비청년들에게 자립 관련 인터뷰를 한 내용입니다. 인터뷰의 생생함을 살리기 위해 반말로 답변된 내용은 그대로 두었으며, 익명성을 위해 인터뷰이들에 대한 정보는 제공하지 않는 것을 알려드립니다.

보육원 생활

시설에서 생활했을 때 속상했던 적이 있나요

°밥 먹을 때 속상했었어. 시설에서는 배식량이 정해져 있었으니까. 먹고 싶은 만큼 먹지 못했거든. 근데 시설에 있었을 때는 단체 생활이니까 그게 당연하다고 생각했었는데 지금은 무엇이든 자유롭게 먹을 수 있으니까 너무 좋은 것 같아.

자립하면서 유년기의 시설 생활이 떠올랐던 적이 있나요

°자취를 하게 되면서 제가 해 먹거나 사먹으면서 끼니를 해결해야 했는데, 불규칙하게 챙겨 먹었어요. 시설에서 생활할 때는 식단이 있었고 삼시 세끼 다르게 나왔었는데, 지금은 그런 것을 못 누리니까 옛날 생각이 많이 났어요. 감사함과 아쉬움이 교차했던 것 같아요. 이건 자주 생각나요.

학창 시절

기억하고 있는 최고의 반항이 무엇인가요

° 겨울 바다요. 안면도 밤바다를 보고 외박을 즐겼어요. 시설에서 외박은 허락되지 않았거든요. 가끔 시설 친구들은 부모님이 와서 외박을 데려가기도 했지만 그 외에는 절대 허락이 되지 않아서, 반항심이 더 생겼어요.

살다 보면 어린 시절 얘기나, 가정 얘기를 꺼내게 되는 상황을 자연스럽게 마주하게 되는데 그런 경험을 한 적이 있었나요

° 그런 경험은 어릴 때부터 되게 많았죠. 학교 다닐 때 부모님이랑 같이 살지 않는 학생을 조사한다고 엎드린 채 손을 들으라고 했어요. 그럴 때 눈을 감지 않는 친구들이 있거든요. 그런 친구들이 할머니랑 사는 걸로 많이 놀렸어요. 그래서 학기 초마다 그런 시간을 가지는 게 너무 싫었어요. 왜 인원도 적은 시골 학교에서 매년 똑같은 검사를 했는지 이해도 안 돼요. 요즘도 그런 말을 하게 되는 상황이 되면 말을 안 하게 돼요. 굳이 말하고 싶지 않아요. 얘기하기가 너무 복잡하기도 하고요. 그래서 가족 얘기가 나오면 말을 아예 안 하게 되는 거 같아요.

후원자, 자원봉사자

후원자분들은 어떤 분들이었나요

° 엄청 고마운 분들이요. 대단한 분들 같아요. 일면식도 없는 저에게 무엇을 나눠줄 수 있다는 사실 자체가…. 그래서 저도 단지 막연하게 감사함을 표현할 뿐이에요.

후원자들이 찾아오면 어떤 기분이었나요

° 저는 좋았습니다. 제가 원래 사람을 좋아하는 성격이어서요. 후원자, 봉사자들이 올 때마다 막 앵겼어요. 지금 생각해 보면 그분들에게서 외로움을 달래려고 했던 것 같아요. 또 온다고 해놓고 안 와서 실망한 적도 많고요. 어떤 친구는 '줄 거 빨리 주고 가라'는 생각도 했다고 하더라고요. 워낙 많은 분들이 왔다 가면서 나중에는 어차피 떠날 사람이라는 생각에서요. 정말 당황스러웠던 때는 후원자 분들이 아들, 딸을 데리고 왔을 때였어요. 아들, 딸에게 많은 경험을 해주고 싶은 마음에 데리고 오셨겠지만, 혹시나 같은 학교 아이는 아닐까, 친구의 친구는 아닐까 조마조마했던 기억이 나요. 또래 친구가 저를 위해 후원이나 봉사를 한다는 게 부끄럽다는 생각도 했었고요.

진로, 직업

어떤 지원이 후배들에게 도움이 될까요

° 막 사회에 나온 20살, 21살이 가장 힘들었어요. 원하지도 않는 일을 하면서 무조건적으로 버텨야만 했거든요. 지금 와서 회사를 그만두고 하고 싶은 일을 해 보니까 왜 나에게 맞지 않는 일에 매달리고 있었나 싶어요. 주변을 둘러보니 삶의 모습이 정말 다양한데 말이죠.
시설 친구들은 대부분이 공장으로 취직하는 편이었어요. 공부를 잘하는 게 아니면, 빨리 취업을 해서 돈이라도 벌라고 하거든요. 퇴소 후 돈 걱정하지 말라는 목적으로 공장에 내몰았던 것 같아요. 시설 안에서는 다양한 삶의 가능성을 말해 주는 사람이 없었어요. 앞으로 시설을 떠나는 후배들에게 세상에는 다양한 직업이 존재한다는 걸 보여줬으면 좋겠어요. 그들에게만은 다양한 삶의 모습이 나왔으면 좋겠다는 생각이 들어요.

후배 보호아동들에게 대학보다 취업을 추천했다고 하는데 그 이유는

° 동기가 없으면 공부를 안 하게 되는 것 같아요. 자기가 무엇을 하고 싶은지 모른다면 차라리 좋든 싫든 일을 시작해 보면 내가 싫어하는 것이 무엇인지 천천히 알게 되는 것 같아요. 그리고 그 싫어하는 것들의 반대

를 좁히다 보면 내가 하고 싶은 게 무엇인지 알게 되거든요. 저는 어렸을 때 사회복지사 선생님과 유년기를 보냈어요. 근데 그런 모습이 이상적이라고 생각했고, 제 삶이 곧 사회복지니까 그 분야를 좋아하는구나 생각하고 진로를 바꿔서 학점은행제로 학위도 받고 자격증시험도 합격했어요. 원래는 항공물류 쪽에서 오래 재직했는데 지금은 장애인 복지 쪽에서 근무하고 있어요.

퇴소

퇴소 첫날, 기분이 어땠나요

° 퇴소하고 첫날은 '와, 해방이다!'라고 말했지. 진짜 재밌게 놀 수 있겠구나. 시설에서 생활할 때는 억압받았던 것들이 있잖아. 용돈이나 통금시간 때문에 친구들이랑 시간을 보내기 힘들었으니까 퇴소 이후에는 벅차게 놀았어. (웃음) 너무 많이 놀았어…. 그런데 자립 지원 항목으로 받았던 돈들은 노는 데 모두 사용했어….

° 퇴소 첫날에 너무 좋았어요. 저희 시설 원장님이 너무 울타리 안에 가둬 두려고 하는 성향이었거든요. 저는 시설에서 보호받던 시절보다 자립이 자유롭기 때문에 퇴소 자체가 좋았던 것 같아요.

자립 전에 계획했던 나의 모습은

° 스스로 진짜 원하는 것을 찾아가는 제 모습을 기대했어요. 시설에서 금전적인 지원을 받을 때는 뭔가 빨리 졸업을 해야겠다는 강박관념에 의해서 하고 싶은 걸 못하고 앞만 보고, 다른 데는 돌아보지 못했기에 자립을 하게 된다면 제가 정말 원하는 게 뭔지 찾아보고 그걸 향해 가고 싶었어요.

자립 후 생활

자립 과정에서 가장 힘들었던 문제는

°어디에 물어봐야 하는지 몰랐던 게 가장 컸던 것 같아요. 또래 친구들에게 물어봐도 잘 모르고, 그냥 흘려듣는 느낌? 친구들 같은 경우는 부모님이 다 해 주니까. 집을 구할 때도 부모님이 해결해 주고. 그거 말고도 사실 고민이 있을 때 들어줄 사람이 없다는 거. 정보 말고도 고민을 진지하게 털어놓고 싶은데….

°아무래도 경제적인 부분이 어려웠던 거 같아요. 사실 저는 어린 나이에 집을 나와 살다보니까 돈에 대한 개념이나 관념이 없었어요. 돈을 어떻게 써야 하고, 저축을 어떻게 해야 할지 전혀 몰랐어요. 돈이 들어오면 들어오는 족족 쓰고 싶은 것 사면서 씀씀이가 헤펐죠. 지금이야 세월이 지나서 좋아지긴 했지만 그때 당시에는 한 달 중에 10일 동안 생활비를 다 써버리고 20일은 굶고 간신히 버텼죠. 그리고 무슨 일이 있을 때 연락을 할 사람이 없어서 힘들었어요. 저는 아직 어린데, 저를 돌봐 줄 어른이 필요한데 그게 없어서. 학교에서 무슨 일이 생겨도 제가 해결해야 하는 문제들이고. 그렇다보니 어릴 때부터 막중한 책임감에 부담을 느꼈어요.

자립을 하면서 나만의 소소한 행복이 있었나요

°시설에서 생활할 때는 용돈이 매우 적었어요. 한 달에 만오천 원에서 이만 원 정도였던 것으로 기억하는데, 사용할 때마다 어떤 목적으로 사는지에 대해서 지출결의서를 작성해야 했어요. 친구랑 떡볶이를 먹거나 친구 생일선물을 살 때도 원장님의 검토와 서명을 거치고 지급받는 게 많이 번거로웠어요. 지금은 '내돈내산'으로 자유롭게 소비 생활을 할 수 있어서 너무 좋은 것 같아요.

자립에 원동력이 되어 주는 것이 있나요

°제가 생활했던 시설 선생님들이 "너는 자립을 잘할 거라고 믿고 있었다"라고 말해 주거나 아직 시설에서 살고 있는 후배들이 동경하는 태도로 말해 줄 때마다 힘을 내는 것 같아요. 저에게 주시는 긍정적인 기대가 나아갈 수 있는 원동력이 되어 주곤 했어요.

자립정착금

시설을 나와서 가장 힘들었던 게 무엇인가요

° 경제 관념이 제대로 잡혀 있지 않았던 게 제일 힘들었어요. 시설에서 매달 3만 원 정도의 용돈을 받으면서 생활했었는데 하루아침에 큰돈을 관리하게 되니까 너무 당황스러웠어요. 저축하는 법을 알려 줘도 그렇게 큰돈이 들어오는데 어떻게 관리하겠어요. 저축에 관련된 지식이 있는 게 아니니까요. 매달 40만 원, 식비로 100만 원 정도 사용하다 보니 한 달을 200만 원으로 버티자라는 생각이 컸고, 월급날에 맞춰 돈이 다 떨어지면 저는 만족했어요. 아 이정도면 내가 잘 버텼구나라구요.

자립 직후 상황은 어땠나요

° 퇴소하자마자 자립정착금을 신청을 했는데, 당장 들어오는 게 아니라 조금 힘들었어요. 나중에 시에서 받은 자립정착금 500만 원, 디딤씨앗통장으로 300만 원 정도가 있었는데. 서울에 LH로 집을 구할 때 보증금 200만 원, 가구 구입비 100~150만 원 정도 나가고 공과금도 내야 하는데 당장 수입이 없는 상태라 계속 마이너스가 되는 상황이었어요. 보증금 내고 생활비로 돈이 계속 나가니깐 계속 마이너스 상태로 썼던 것 같아요.

자립수당은 도움이 되나요

° 올해(2019) 시행된 자립수당(당시에는 아동복지시설 퇴소 2년 이내의 아동에게 매달 30만 원씩 수당을 지급)을 신청하면서 여유가 조금 생기게 됐어요. 이전까지는 월급을 받으면 그 돈이 다 생활비로만 쓰이니까 여가 생활이란 걸 상상도 못했거든요. 그런데 매달 30만 원의 여윳돈이 생기니까, 친구들과 영화를 보러 가기도 하고, 오랜만에 여행을 다니며 놀기도 할 수 있었어요. 다른 지원 제도들을 신청할 때는 과정도 너무 복잡하고 담당자들도 모르고 있어서 당사자인 제가 설명을 해야 하는 경우도 많았는데 자립수당은 신분증만 들고 동사무소에 가니 간단한 절차로 신청할 수 있어서 너무 좋더라구요. 주변 친구들을 보면, 과정이 복잡해서 지원들에 신청을 하지 않는 경우도 많이 있거든요. 어려운 과정에 머리 아프니, 그냥 포기하는 친구들도 있으니까요.
최근에는 자립수당으로 재봉틀을 사고 싶어졌어요. 여유가 생기니까 미뤄두고 있던 저의 꿈을 다시 꺼내보려고요. 재봉틀을 사서, 나만의 옷을 만들어 보고 괜찮다 싶으면 판매도 해 볼 생각이에요.

처음 자립정착금과 CDA통장을 받으셨을 때 기분이 어땠나요

° 처음 그렇게 큰돈이 수중에 들어왔을 때, 머릿속이 새하얘졌어요. 한

달 용돈이 2만 5천 원이었는데 천만 원이 넘는 돈이 한 번에 생기니까 어떻게 써야 하는지, 어떻게 불릴 수 있을지 싶더라구요. 잘 할 수 있을까 하면서 불안했던 기억이 있어요. 그래서 LH임대주택을 구할 때 추가 보증금으로 사용하고 하나도 안 썼어요. 이번에 생일 지날 때까지(만기) 아예 안 건드릴 생각이에요.

자립지원전담요원

퇴소하고 어떤 점이 가장 힘들었나요

° 혼자 살아가면서 거의 모든 게 처음인데 물어볼 만한 어른이 곁에 없었다는 점이 가장 힘들었어요. 자립지원전담요원분이 주기적으로 연락도 하고 만나자고 그랬는데, 어려움을 겪고 있는 부분을 형식적으로 조사하듯이 적어만 가고 실제로 해답을 주시진 않았어요. 그래서 그때 이후로 만나지 않고 있죠. 제가 기대한 만큼 도움 받지 못해서 믿음이 부족했던 것 같기도 해요. 그리고 저는 취업을 먼저 해서 중간에 퇴사를 하고 대학교를 가려고 했어요. 그런데 등록금에 대한 걱정이 너무 커서 포기했거든요. 근데 국가장학금이라는 학비 지원 제도가 있었더라구요. 스물여섯이 되어서야 알게 됐어요. 시설에 있을 때 알려 주는 사람이 1도 없었거든요 진짜.

사례 관리 선생님께는 많은 도움을 받았나요

° 도움을 하나도 받지 못했어요. 그렇게 도움되는 관계라고 느끼지 못했어요. 유대감이 없는데 제 생활을 오픈하는 것이 불편할 뿐더러 그 선생님께도 부담이 될 것 같아요. 저랑 라포 형성이 생략된 상태로 전화나

만남을 가져야 하니 조금 피하게 되는 것 같아요. 자립 선생님들이 연락을 잘 받는 친구들이 없다, 휴대폰을 바꾼 것 같다고 하시는데, 이런 이유로 연락이 잘 안 되는게 아닐까 싶어요. 저는 개인적으로 사후 관리를 본인이 희망하는지에 대한 여부를 묻고 선택사항으로 진행했으면 좋겠어요.

집 구하기

주거 문제로 힘들었던 경험은 없나요?

° 광주로 내려와서 집을 구할 때 하나부터 열까지 전화 돌리고, 직접 방문하고, 집 보러 다니는 게 어려워서 난리도 아니었어요. 애초에 LH 임대 매물이 잘 없더라고요…. 그래도 찾는 과정이 너무 어려웠지 지금 생활하고 있는 공간에 대해서는 아주 만족하는 편입니다!

주거가 불안정했다고 하셨는데 자립에서 가장 기본이 된다고 볼 수 있는 주거 문제는 어떻게 해결했나요

° 서울에 와서는 금전적인 문제로 지내는 곳이 계속 바뀌었어요. 기숙사, 아버지의 가정, 학교도서관, 쉐어하우스, 3평짜리 월세집, 현재 살고 있는 집까지 하면 총 6곳을 거쳤네요. 처음 대학에 입학하고 기숙사를 사용했는데 유지비가 부족해서 잠깐 아버지의 집에서 지내기도 했어요. 그런데 두 분 사이가 안 좋을 때마다 불똥이 튀고, 먹는 것, 씻는 것 등등 눈치가 보이더라고요. 그래서 집에는 친구 집에서 지낸다고 거짓말을 하고 일단 그 집을 나왔어요. 지하철에서 만 원짜리 큰 담요 사고 가방에 옷 몇 벌만 챙겨서 24시간 운영하는 학교 도서관으로 갔어요. 잠

은 소파에서 자고, 아침이 되면 학교 샤워실에서 씻으면서 한 달 정도를 생활했어요.

그러다가 우연히 보증금은 받지 않는다는 쉐어하우스를 알게 돼서, 그곳에서 또 몇 달 지내게 되었죠. 기숙사, 도서관 등을 거치다가 처음 제대로 된 집인 쉐어하우스에 살았을 때, 사람답게 살 수 있는 공간에 들어왔다는 게 행복했어요. 그 집이 엄청 춥고, 찬바람이 들어오고, 룸메이트들이 잘 안 치워서 화장실이 막히는데도 너무 행복했어요. '내가 치우면 되지 뭐! 집에 들어와서 쭈그려 자지 않고, 이불도 덮고 잘 수 있다는 게 어디냐!'라는 심정이었어요. 그때도 저는 운이 되게 좋다고 생각했어요. 게다가 정말 운이 좋게도, 장학금제도를 알게 됐고, 그래서 현재는 주거비 지원을 받으면서 보증금 1,000만 원에 월세는 49만 원 정도 하는 집다운 집에 살 수 있게 됐습니다. 내년이 되면 지원이 끊겨서 다시 집 문제를 해결해야 하는 상황이지만, 내년에 대한 걱정보다는 현재 상황에 감사하며 살아가고 있습니다.

소비, 생활비

퇴소 이후 본인의 소비 생활을 들려 주실 수 있나요

° 제가 보호대상아동 시절에 퇴소 선배들이 사고 싶은 것들을 다 사면서 탕진하는 사례들을 자주 접하다 보니까 위험성을 느꼈고, 저는 그렇게 살면 안 되겠다는 생각이 들었어요. 효과적인 돈 관리에 대해서는 무지했지만 일단 묶어둬야겠다는 생각을 했어요. 최대한 근검절약하는 소비습관을 가지려고 노력했답니다.

외로움

생일이나 명절 때 어떤 시간을 보냈나요?

°솔직히 외로운 시간을 보냈죠. 생일 때는 하루면 지나가는 평범한 날로 치는데, 그냥 지나가는 느낌… 근데 명절 연휴는 비교적 긴 시간이잖아요. 어디 갈 곳도 없고 친구들은 다 내려간다고 하니까… 외로운 시간을 보내다가 최근에는 같은 자립준비청년들끼리 만나는 시간을 갖곤 해요!

자립하면서 어려웠던 점들이 있을까요?

°저는 처음에는 괜찮았어요, 그런데 퇴소하고 5개월이 지나고 갑자기 외로움이 뻥 하고 터지더라고요. 그래서 2주 정도? 심리적으로 많이 힘들었어요. 그리고 집 보러 왔을 때는 몰랐는데 이사를 하고 나니까 변기 밑에 호스가 다 나가 있어서 물이 새고 그랬어요. 그래서 부동산 쪽에 연락드린 다음 집주인분이 수리조치 하겠다고 말씀해 주셔서 무사히 해결했던 적이 있었어요.

아파서 서러웠던 적이 있나요?

°어느 날 위랑 장 쪽이 엄청 아파서 응급실에 갔던 적이 있어. 근데 방문 사유가 무엇이 됐든 연고자나 보호자란을 작성해야 했는데 나는 진짜 아무도 없어서 내 이름을 적었어. 그때 기분이 싱숭생숭하긴 하더라고…. '나 진짜 혼자구나.'

사회생활

회사 생활은 어땠나요?

° 사회생활이 쉽지 않았어요. 시설이라는 울타리 안에서만 자랐기 때문에 회사에 있는 친구들과 어울리기가 힘들었어요. 벽이 느껴지는 것 같아서 항상 혼자였어요. 회사 생활에 적응을 못 하다 보니 이직과 이사를 반복했어요. 돈도 떨어져 갔고, 밥도 잘 챙겨먹지 않았어요. 게다가 회사 생활에서 오는 스트레스로 자주 쓰러져서 응급실에 실려 가기도 했어요. 회사에서도 너무 자주 쓰러지는 저한테 일을 맡길 수가 없다고 해서 결국 일을 그만두기도 했어요. 앞으로 어떻게 살아가야 하나 막막했어요. 뒷바라지 해 줄 사람도 없는데 이렇게 자주 쓰러지기까지 하니 제 신세가 너무 처량하게 느껴졌거든요. 하루는 출퇴근 시간 사람들이 가득 들어서 있는 지하철에서 1시간가량을 울면서 집에 오기도 했어요.

편견

힘들 때 도움을 요청할 만한 사람은 없었나요

° 주변에 딱히 도움을 청할 어른들은 없었어요. 그래도 힘이 들 때 그 당시 만나던 남자 친구에게 정서적으로 의존했었는데 그마저도 남자 친구 부모님을 만나고 난 뒤로는 관계를 지속할 수가 없었어요. 남자 친구 부모님께서는 "부모님은 뭐하시나? 고향은 어디고? 지금 무슨 일을 하고 있나?" 등의 질문을 하셨어요. 저는 그 질문에 사실대로 답했어요.
"부모님은 안 계세요, 그래서 보육원에서 자랐고요, 지금은 공장에서 일하고 있어요." 그런데도 계속 묻더라고요. "그럼 할머니나 이모도 없니?" 제 있는 그대로를 얘기하는데도 너무 슬프고 답답하더라고요. 결국 그날 남자 친구 부모님의 요청으로 헤어지게 됐어요. 이후로는 주변에서 부모님에 대해 물어보면 거짓말을 했어요. '엄마는 가정주부고, 아버지는 마트에서 일하시고 있다. 혼자 산 지 오래돼서 부모님과도 연락은 자주 하지 않는다'는 스토리 만들어서 둘러댔어요.

보육원에 살았다는 이유로 차별이나 편견 때문에 힘들었던 경험이 있나요

° 퇴소하고 바로 일을 시작했었는데요. 제 입으로 말하지 않았지만 회사

구성원들이 제 가정사를 모두 알고 있었어요. 근데 밥 먹는 시간이 부족해서 한창 여직원들끼리 도시락을 싸먹는 시즌이 있었는데, 중년 여성 직원분이 제 가정사를 알면서도 도시락 싸주는 어머니한테 감사해야 한다고 그러면서 무안을 줬었어요. 제가 어머니 없이 사는 것을 알면서도 그랬어요. 다 알면서도요. 일부러요…. 그런 상황이 여러 번 반복되면서 저는 마음이 힘들어서 퇴사했어요.

미디어

TV 속 고아 캐릭터를 보면서 어떤 생각과 마음이 들었나요

° 어 굉장히 어른들이 참 잘못하고 있다는 생각을 했어. 어른들이 왜 저런 선입견을 심어 주는 거지? 이런 생각을 했어. 부모들이 생각하는 대로 아이들은 생각하고 그것이 가치관이 되는 건데, 그런 가치관을 가진 채 성인이 되고, 그런 사람들이 얼마나 많아질까 생각을 하게 되었어. 그거 자체가 후에 계속 나올 보호 종료 아동들에게 상처가 될 수 있는 거니깐.

° 예민하게 구는 사람으로 인식이 될까봐 조심스럽고, 걱정이 돼. 미디어의 인식이 변화할 필요가 있다고 느꼈고, 막연하게 동정하고 부정적으로 그려지기보다는, 긍정적으로 그려지는 것이 좋은 것 같아.

미디어 콘텐츠 제작사에게 전하고 싶은 말이 있나요

° 하…. 질문이 어렵게 느껴지네. 그 사람들은 어떤 생각으로 쓰는 거지? 한마디 하자면 드라마를 만들 때, 보호종료아동의 심정을 한 번쯤 생각해 보고 써줬으면 좋겠어. 그러면 좀 위안이 되지 않을까 싶어.

자립준비청년으로 살아오면서 겪었던 차별이나 편견의 경험이 있을까요

°나는 사실 막 차별 받은 경험이 없는 것 같아. 나도 근래 많이 생각을 하긴 했는데, 결국 나도 나에게 편견이 있더라고. 보육원에서 산 것은 나고, 내가 나를 가장 잘 아는데, 나도 미디어에 비춰서 보고 있더라고, 나는 미디어에 비춰진 만큼 불쌍하게 자란 것이 아닌데, 그렇게 스스로를 검열하고 있더라고. 모든 사람이 편견이 없다고는 말 못하지만, 가장 중요한 것은 스스로에게 편견을 가지고 있는 것은 아닌지에 대한 고민이 필요해. 내가 왜 다른 사람에게 이야기 하는 것이 불편할까 생각했는데, 결국 나도 미디어의 영향을 받은 거지.

좋은 어른

기억에 남은 어른이 있나요

° 아르바이트를 하면서 만나게 된 이모님이 계신데 그 분에게는 제 사정을 얘기하게 됐어요. 저를 유독 좋아해 주고 진심으로 대해 준다는 게 느껴지니까 그분에게는 차마 거짓말을 할 수가 없었어요. 그래서 제 배경에 대해 물으셨을 때 "나 엄마 없어"라고 했더니, 거짓말 하지 말라며, 아버지나 삼촌은 없냐고 물어보시더라고요. 그렇게 제가 보육원에서 지냈다는 걸 털어놨어요. 이모님은 저에게 "괜찮아. 엄마 없는 게 흠이 아니니까 기죽지 말라"고 하셨어요. 제가 미용사 자격증 준비를 하면서 필기를 5번이나 떨어졌거든요. 그럴 때마다 이모께서는 매번 응원해 주고, 밥 잘 챙겨 먹으라고 맛있는 음식들을 해 주셨어요. 지금 저에게는 가장 고마운 분이에요.

자립을 하기 전에 조언을 해 준 사람은

° 시설 선생님들은 입을 모아 저에게 휴학하지 말고 퇴소도 하지 말라고 하셨어요. 졸업을 하고 뭐든 하라고. 사실 그 당시 저에게는 그다지 도움이 되지 않았어요. 저는 다른 데를 돌아보고, 숨 좀 트고 싶었는데 그

러지 못했으니까요. 왜냐면 모두 하나의 생각만을 주입해요. 시설에 있을 때 도움 받아서 빨리 졸업하라고. 물론 긍정적인 면을 생각해 봤을 때 맞는 말인데, 내가 원하는 삶을 도저히 찾을 수가 없더라고요. 그래서 퇴소를 하려 했을 때 도움은 없었던 것 같아요. 그중 시설에서 엄마라고 부르시던 분이 네가 하면 할 수 있을 거고, 네가 이루고자 하는 게 있으면 너는 뭐든 잘할 수 있을 거라고 해 주셨어요. 그때 가슴이 뭉클해지더라구요. 주변에서는 다들 안 된다고 말리셨는데도 믿음을 보내 주시는 분이 있어서 행복했어요.

후배들에게 하고 싶은 말

자립으로 힘들어하는 친구들에게 어떤 얘기를 해주고 싶나요

° 주로 친구들이 결핍된 애정을 해소하기 위해 무분별한 이성관계를 통해 당장의 공허함을 해소하는 모습을 자주 보았어요. 그런 친구들에게 이 어려움을 홀로 감당하지 않아도 된다는 것을 알려주고 싶네요. 함께 고민해 줄 정부와 친구들과 사람들이 있다는 것을 알려주고 싶어요. 하지만 친구들이 당장 시설에서의 기억을 지우고, 벗어나고 싶어 하는 마음 때문에 모든 관계망을 차단하고, 홀로 자유롭게 살고 싶어 하는 것 같아요. 과거의 흔적을 애써 지우고 모른 척 하며 사는 친구들이 주로 방황이 지속되는 것 같구요. 충분한 지원 체계를 찾고, 누릴 수 있도록 스스로를 노출시키는 노력과 용기가 필요한 것 같습니다. 우린 혼자 살기엔 미성숙한 존재니까요!

후배들이 자립을 하게 되면 어떤 조언을 해주고 싶나요

° 아무리 잘 지내고 안정적이더라도 중간중간 문득 공허하거나 외롭고 슬픈 시기가 올 거라고 예상해. 근데 슬플 때는 그 슬픈 감정을 충분히 겪어야 다음 단계로 나아갈 수 있다고 생각해. 영화 <인사이드 아웃>에

나오는 슬픔이 캐릭터 있잖아. 필요하기 때문에 존재하는 감정! 누구나 처음부터 강한 사람일 수는 없지만 충분히 슬퍼해 줘야만 다시 제자리로 돌아올 수 있는 사람도 있다는 거지. 누구에게나 그런 시간이 필요하니까!

예비 자립준비청년들 이것만은 꼭 알아야 한다는

° 여러 장학제도들이 많다는 것. 대학을 졸업하고 나서야 장학제도들에 대한 정보를 들어 매우 아쉬웠어요. 대학 시절 동안 생활비 마련에 어려움을 겪었는데 그때 이런 제도들을 알았다면 생활비 대출을 받을 필요가 없었을 거예요. 조금만 둘러보고, 찾아보면 준비되어 있는 제도들이 많기 때문에 영리하게, 부지런하게 본인에 맞는 제도들을 취할 수 있길 바랍니다.

자립

'자립은 정보전이다'라는 말이 있는데, 본인의 생각은 어떤가요

° 기존에는 자립 정보에 있어서 무지의 문제라고 생각했는데, 지금 와서 보니 의지의 문제였던 것 같아요. 주변에 알려 주시는 선생님들이 안 계시더라도 본인의 의지로 직접 검색을 하거나 문의를 해보는 등 능동적인 자세를 취하는 게 가장 중요한 것 같아요. 정보 격차의 문제보다는 자립 의지 격차라고 생각해요.

나에게 자립이란

° 자립은 함께하는 거라고 생각해요. 어쨌든 홀로서기지만 누군가의 도움을 받으면서 일어나는 거라고 생각해요. 그 누구도 혼자서 일어나는 사람은 없거든요. 아기도 그렇잖아요. 아기가 걸음마할 때도 엄마 아빠가 도와 줘서 일어서는 거지 절대로 혼자서 설 수 없잖아요. 그래서 자립은 함께하는 거라고 생각해요.

° 시설 친구들과 얘기를 하다보면 "아직까지도 도움 받고 사냐, 언제까지 도움을 받을 거냐"며 안 좋은 시선으로 말하는 친구들도 있어요. 지원을

받는 게 나쁜 게 아닌데…. 자립이라면 다들 스스로 해야 할 것 같고, 책임져야 할 거라고 생각하는데 우리 힘으로는 어떻게 해결할 수 없는 게 많아서 주어진 자원들을 잘 활용하는 게 자립 능력이라고 생각을 해요.

° 영화 <이터널선샤인>을 보면 주인공이 꿈속에서 기억을 지우려고 하잖아요. 근데 중간에 지우고 싶지 않아서 꿈속에서 도망 다니는 순간이 와요. 결국에는 기억이 모두 지워졌지만 엔딩 시점에서는 다 잊게 되는 것보다는 소강 상태가 찾아오는 것 같아요. 저희도 유년기의 안 좋은 경험이나 자립에 대한 부담감에 있어서 외면하지 않고 마주하고 기다리면 나의 트라우마나 정서적인 어려움에 있어서 소강 상태가 찾아올 거라고 믿어요.

° 저는 사실 자립이란 걸 아직 잘 모르겠어요. 직접 돈을 벌어 의식주도 해결해야 할 것만 같은데 제게 아직은 많이 어려운 거 같아요. 그나마 제가 지원을 받고 있다는 건 누군가는 제가 잘 되기를 바라고 있는 거잖아요. 그래서 요즘은 제가 관심과 사랑을 받는 만큼 그 기대에 부응해서 잘 살아야겠다고 생각하면서 힘을 내고 있어요.

2

우리는
어떤 질문을 해야 하는가

한 명의 이야기 앞에서,
비록 마침표를 찍지 못하더라도

유튜브 <열여덟 내 인생> 촬영을 위해 짧게는 3시간 길게는 5시간씩 당사자들의 인생 이야기를 들었다. 그때마다 나는 안개가 자욱해 형체가 또렷하지 않은 산 앞에 서 있는 기분이 들었다. 자연을 보고 경외감을 느끼듯 가끔은 벅찬 감정이 올라오기도 했다. 그러나 안쓰럽고 불쌍했던 적은 없었다. 이들의 이야기에 귀 기울일수록 거대한 인생을 마주한 것 같아 '고생했다'는 말조차 건네기 어려웠다. 이 말에 내 감정을 다 담을 수 없었기 때문이다.

어느 날, 내가 영상 편집 작업을 하는 동안 동생이 뒤에서 가만히 지켜보고 있었다. 한 명의 인터뷰 영상이 끝나자 뒤에서 동생이 말을 꺼냈다. "뭐야? 나 지금 배신당한 것 같아. 나는 고아라고 하면 특별히 불쌍한 사람들인 줄 알았는데, 그냥 우리랑 환경만 다를 뿐 똑같잖아?" 그렇다. 집의 형태가 다르고, 가족 구성원이 다르고, 자라온 환경의 차이가 있겠지만 인생의 험난한 굴곡들을 어떻게든 견뎌내고 살아낸 흔적은 인간 본연의 모습이었다.

내가 느꼈던 감동은 어디서 온 것일까. 그건 바로 한 사람의 진솔한 이야기가 주는 울림이 아니었을까. 자기 감정에 직면하여 아픔까지도 솔직하고 당당하게 전하는 사람에게 받는 감동이었다. 그래서 열여덟 어른 캠페이너를 위해 '성공한 롤모델'을 찾지 않았고, 반드시 성공하고 잘 할 수 있는 프로젝트만을 준비하지 않았다. 실패하더라도 그 과정에 가치가 있기 때문이다. 인생도 그렇다. 돈, 명예, 권력이라는 사회의 성공 기준에 닿지 않더라도, 누구의 인생이든 진솔하게 살아가는 것 그 자체로 의미가 있다.

L은 사회적으로 성공한 어른에게 조언을 듣고자 찾아갔다가 이런 얘기를 들었다. "나는 살면서 어느 정도 성공을 경험했는데, 당신은 아직 성공하지 못했으니 시간을 더 잘 사용해야 합니다." 성공에 대한 본인의 생각이 잘못된 거냐며 당황해하던 L의 표정이 아직도 기억난다. 사회에서 말

하는 성공을 하지 못한다면 자립준비청년들의 삶은 가치가 없는 것일까? 외롭고 고통스러웠던 그 길고 긴 시간들은 모두 의미가 없는 것일까?

한 사람의 이야기가 소중한 이유는 성공하거나 모범적으로 자랐기 때문이 아니다. 마침표를 찍지 못했더라도 그 시간을 견뎌내고 고통에 아파했던 모든 것이 인간답게 살 수 있는 시간이었기에 그 자체로 소중한 것이다. 내가 자립준비청년들의 삶 앞에서 감동을 느낀 이유는, 인간으로서 진실되게 살아낸 이들의 삶 자체가 감격스러웠기 때문이다.

돈을 많이 벌어 비싼 차를 타고, 좋은 집에 사는 것만이 인생을 아름답고 풍요롭게 하는 것이 아니라고 믿는다. 아픔도 눈물도 인생을 풍요롭게 한다. 애닳은 감정을 충분히 느끼며 충실히 살아가는 것이 인간답고 가치 있는 삶이라고 생각한다. 나는 오히려 열여덟 어른의 인생 앞에서 더 큰 감동을 느꼈다. 열여덟 어른들에게 말하고 싶다. 충분히 고통스럽게, 그러면서도 견뎌냈고 버텨냈고, 지금 덤덤히 그 시간들을 진솔히 얘기하는 당신들의 삶은 충분히 멋있다고 말이다.

A는 자신의 이야기를 다 하고 나서, 이제서야 정신없이

살아온 지난 시간이 자신에게 어떤 의미였는지, 왜 소중한지 정리가 되는 것 같다고 했다. 지나온 시간 속의 자신을 사랑하는 사람이라면, 남은 인생도 소중히 여기고 미래의 자신을 사랑하게 만들 것이다. 그렇기에 마침표가 아니어도 한 명의 고백이 값지고 소중한 것이다. 비록 나이는 어리고, 사회적 성공 경험이 없을지라도 누구보다도 먼저 아픔을 직면하고 당당히 목소리를 높인 이들의 고백이 누군가에게 위로가 될 것이고, 우리 사회의 안전할 수 있는 토대가 될 거라 믿는다.

'고아'라니
불쌍하잖아

학부 시절 언어학 수업이 참 재밌었다. 언어는 기표와 기의로 이루어져 있다는 새삼 당연한 사실을 배웠다. 죽어 있는 사물에 생명을 더하는 것처럼 기표에 기의를 더해 살아 있는 언어가 된다는 것이다. 빨갛고 달콤한 과일을 '사과'라고 부르기로 우리는 사회적 약속을 맺었다. 누군가를 생각만 해도 웃음이 나고 그를 위해서라면 아픔도 참아낼 수 있는 마음을 '사랑'이라고 부르는 것처럼.

김춘수 시인도 "그의 이름을 불러주었을 때" 의미가 생겼다고 하지 않았는가. 다만 슬픈 것은 우리가 사용하는 언어가 모두 꽃처럼 아름답지는 않다는 것이다. 향기 나는 꽃처럼 우리의 언어도 그랬더라면 얼마나 좋았을까.

외로울 고(孤) 아이 아(兒). 고아.

S는 고아라는 단어가 자기들을 외로운 아이들이라고 규정한 것이 이상하다고 했다. 외로운 아이들. 마치 외로워야 하는 것이 당연한 운명이라고 정해 준 것처럼 느껴졌던 것이다. '고아라는 기표'에 '불쌍하고 불량스럽다는 기의'가 더해져, 당사자들에게 상처를 남기는 말이 돼 버렸다.

한센병은 이전에는 나병, 그전에는 문둥병으로 불렸다. 단어에 편견과 차별이 담겼기 때문에 새로운 단어들이 필요했던 것이다. 고아라는 단어도 편견과 차별이 담겨 있기 때문에 당사자들에게 상처가 된다.

그런데 자립준비청년들은 고아인가? 사전에 나온 것처럼 고아는 어린 아이들을 지칭하는 말이다. 그러니 정확히 말하자면 이미 어른이 된 이들을 고아라고 할 수는 없다. 그렇다면 이들을 뭐라고 불러야 할까? 이들은 보호대상아동, 시설퇴소아동, 보호종료아동, 자립준비청년 등으로 불렸다. 하지만 이 단어들은 행정적 편의를 위해 법적으로 사용되고 있는 단어일 뿐이다. 그러다 보니 잘 알려지지 않은 탓에 본인이 자립준비청년인 줄도 몰랐다는 이들도 있었다. 특히

할아버지, 할머니와 자란 경우에는 조손 가정이라 불리기 때문에 자립준비청년으로 지원받을 수 있다는 사실을 뒤늦게 아는 경우도 많다. 우리가 이들을 편견의 단어로 불러와 용어가 잘 알려지지 않았던 것은 그동안 우리 사회가 이들에게 큰 관심이 없었던 것의 반증이다.

나는 대학교를 졸업하고 아동을 지원하는 NGO 기관에서 근무했었다. 우리 단체가 지원했던 아동들은 만 18세가 되면 후원이 종료됐고, 많은 기부자들이 일대일 매칭 후원을 하고 있었기 때문에 후원이 종료된다는 안내를 해야 했다. "안녕하세요. 후원자 님께서 후원해 주신 ○○이가 만 18세가 되었습니다. 그동안 후원해 주신 덕에 ○○이가 건강하게 자랄 수 있었습니다. 성인이 될 때까지 함께해 주셔서 진심으로 감사드립니다. 앞으로도 다른 아이를 위해서…" 대부분의 후원자들은 별말 없이 안내에 따라 주었다. 그런데 한 분이 나에게 질문을 했다. "만 18세가 되더라도 성인은 아니잖아요. 이 아이들을 계속 도와줘야 하지 않나요? 어떻게 스스로 생활할 수 있나요?" 수화기에 바짝 붙인 내 얼굴이 붉어졌다. 나는 '이제 성인이 된 것이니 스스로 책임지며 살아야 한다'는 식으로 궁색하게 답변했다. 또 성인이 된 이들보다는 지원해야 할 어린 아이들이 아직도 많이 있으니 한정된 자원에서 더 급하고 필요한 이들을 지원해 달라고도 전했던 것 같다. 지금 생각해 보면 내가 그때 매칭을 중단했던 아이들은 어떻게 그 시간을 보냈을까. 10년도 훨씬 더 된 일이니 그동안 수많은 아동들이 어른이라는 이름으로 사회에 나왔을 것이고 나를 비롯한 우리 사회는 이들을 제대로 돌아보지 못했던 것이다. 성인이 되었으니 스스로 살아가야 한다는 말이 얼마나 비정한 말이었는지 시간이 지나 뼈저리게 느껴진다.

비단 나뿐 아니라, 한국 사회가 이들을 부르는 지칭조차 제대로 없었다는 것이 우리의 관심이 여기까지 미치지 못했다는 것을 보여 주는 것 같다. 이제서야 이들을 자립준비청년이라는 긍정적 의미를 담아낸 언어가 발표되고, 열여덟 어른이라는 사회적 언어가 사람들의 마음에 닿은 것이 다행이다.

자립준비청년이라는 단어가 새로운 용어로 대체되는 일은 없었으면 좋겠다. 만약 그런 순간이 온다면, 자립준비청년이라는 단어에 차별적 기의가 담기게 되었다는 슬픈 사실의 증명이니까 말이다. 단어에 무슨 죄가 있을까. 글자는 기표와 기의로 구성되었을 뿐이다. 죄는 잘못 사용하는 사람들에게 있다. 사람들이 차별을 만들어내고 편견을 갖고 단어를 사용하는 것이다. 다른 어떤 부정적 수식 대신, 보통의 청춘이라는 말이 자립준비청년을 수식하는 단어가 되어 주기를 희망한다.

빈곤포르노를 아시나요

빈곤포르노는 가난하고 불쌍한 사람들의 '빈곤한 모습'을 자극적으로 보여주는 광고 방식을 말한다. 보는 이로 하여금 동정의 감정을 느끼게 하여 기부를 이끌어내기 위해 사용된다. 한 아이가 기아로 인해 배는 부풀어 있고, 얼굴에는 파리가 앉아도 쫓아 낼 힘조차 없어서 가만히 누워 있기만 한 장면. 이게 바로 대표적인 빈곤포르노이다. 빈곤포르노의 가장 큰 문제는 사회적 약자를 정형화된 편견으로 남도록 하는 것이다.

비영리 영역에서는 국내외 가리지 않고 오래전부터 빈곤포르노에 대한 자성의 목소리가 나오면서 빈곤포르노 방식을 탈피한 새로운 방식의 모금 캠페인도 많이 시도되고 있다. 그럼에도 불구하고 빈곤한 모습을 보여주는 자극적인 광고는 여전히 여러 미디어를 통해 흔히 볼 수 있다. 적은 투입으로 가장 효율적인 결과를 이끌어내 이보다 효과 좋은 캠페인 방식은 없기 때문이다.

다른 단체에서 근무할 때 TV ARS 모금 방송을 위해 기부 전화를 받으러 간 적이 있다. 100명이 넘는 직원들과 자원봉사자들이 방송국 스튜디오에 모여 전화기가 설치된 테이블에 빼곡히 앉는다. 스튜디오 무대에는 해외 빈곤 지역을 다녀온 연예인이 출연한다. 방송은 보통 해외 빈곤 지역을 촬영한 VCR, 연예인과 MC의 대화, 연예인이 무대에서 노래를 부르는 순서로 이루어져 있다.

빈곤 지역을 다녀온 연예인이 MC와 대화를 나누거나 노래를 부를 때는 전화가 오지 않는다. 그래서 연예인 구경을 하며 노래도 감상할 수 있다. 그러다 TV 화면에 빈곤 지역을 찾은 연예인 얼굴이 클로즈업되고, 아이들을 만나서 이런저런 대화를 나누던 한 연예인이 눈물을 흘리는 순간, 스튜디오는 아수라장이 된다. '따르릉 따르릉' 직원 및 자원봉사자들 앞에 놓인 100개가 넘는 전화기가 울리기 시작한 것이다. 그리 머지않아 모든 전화기는 불이 난다. 옆 사람의 통화 소리로 인해 수화기 너머 목소리가 들리지 않을 정도다.

그래서 한 손으로 한 쪽 귀를 꼭 막은 채 기부를 위한 개인 정보를 받았다. 전화를 끊으면 쉴 틈 없이 바로 다음 기부자와 연결이 됐다. 이렇게 '눈물이 톡 하고 떨어지는 순간' 전화기에 불이 나기 시작하는데, 광고에 나온 빈곤하고 불쌍한 아이의 모습에 사람들이 어떻게 반응할지는 보지 않아도 뻔하다.

물론 30초 정도의 짧은 광고 시간 동안 메시지를 전달하고 공감시키기에는 우리 사회 문제들이 너무나 복잡하고 어렵다. 그래서 비영리 단체들의 고민은 깊어지는 것 같다. 그럼에도 누군가를 돕고자 하는 동정심은 소중하고 귀하다. 함께 사는 사회라는 가치 안에서 어려운 이웃을 돕는 것은 인간이 지닌 자연스럽고 건강한 감정이기 때문이다. 다만 이를 모금이라는 목적을 위해 반복적으로 사용해서는 안 된다.

열여덟 어른 캠페인을 준비하며 바랐던 점은, 자립준비청년들이 보통의 청춘으로 보이는 것이었다. 이들의 성장환경이 어려운 것은 사실이다. 또한 부모님의 사랑을 듬뿍 받아도 모자를 시기에 경쟁과 규율 속에서 자라야 했다는 것은 연민을 불러오기 충분한 사실이다. 다만 그 경험들은 자립준비청년들이 자라면서 겪는 어려운 문제를 해결하기 위한 용도로만 사용하고, 이들이 현재도 부족하고 불쌍한 사람이라는 의미로 전달하고 싶지는 않았다.

또한 자립준비청년들의 성공 모델을 지양하고자 했다. 부족하면 부족한대로, 안 되면 안 되는대로 자립준비청년들의 모습을 전달하고자 했다. 성공한 삶과 실패한 삶을 단순한 기준으로 구분하는 것은 불가능한데, 언론과 사회에서는 성공한 모델을 제시함으로써 자립준비청년들에게 압박을 주기도 한다. 그래서 열여덟 어른 캠페인에서만큼은 보통의 청춘으로 보여 주고자 했다.

열여덟 캠페인에 사용할 대표 사진을 찍었던 날이 기억난다. 아름다운재단 1층 회의실이 스튜디오로 변신했다. 책상과 의자들을 치우고 조명과 카메라가 설치됐고 카메라 앞에 선 신선 캠페이너의 얼굴은 어색하게 굳었다. 우리는 "잘생겼다" "잘한다" 등의 칭찬도 해가며 어떻게든 자연스러운 웃음을 만들어내고자 했고 선이는 애써 입꼬리를 살짝 올리며 웃음을 지어줬다. 덕분에 '불쌍한 고아'가 아닌,

'보통의 청춘'으로 봐 달라고 당당히 선언하는 듯한 캠페이너의 웃는 얼굴을 담을 수 있었다. 이 사진은 캠페인을 대표하고 자립준비청년을 대표하는 밝고 건강한 이미지로 사용될 것이다. "저는 자립준비청년입니다"라는 고백을 하더라도 자립준비청년들의 얼굴에 자연스러운 미소가 지어지는 날이 오기를 꿈꾸며.

아동권리 보호를 위한 미디어 가이드 라인

우리나라에서도 자성의 목소리가 높아지면서 2014년 국제개발협력민간협의회(KCOC)가 '아동권리 보호를 위한 미디어 가이드라인'을 발표한 바 있다. 아래 언급한 가이드라인처럼, 아동과 빈곤이 기아의 상징으로 표현되지 않아야 하며, 현상만 다루기보다는 원인과 치료 방법도 함께 보여줘야 한다는 점을 기억해야 한다. 이는 NGO 단체, 언론만의 문제가 아니라 모든 사회가 사각지대 문제를 바라보는 관점이 되어야 할 것이다.

- 촬영 및 보도 가이드·아동이 빈곤이나 기아의 상징으로 표현되지 않도록 합니다.
- 절박한 위기상황보다는 해결책을 강조합니다.
- 질병과 관련된 내용을 다룰 때, 질병에 대한 현상만 다루기보다는 원인과 치료 방법도 함께 명시합니다.
- 굶주리고 병든 아동의 이미지를 이용해 동정심을 불러일으키는 방식은 탈피해야 합니다.이러한 이미지는 개발도상국의 아동과 가족이 선진국의 원조에만 의지하는 듯한 잘못된 인상을 심어줄 수 있습니다.

- 빈곤과 기아, 질병에 대한 자료를 활용할 때는 믿을 만한 기관의 통계자료를 사용해야 합니다.
- 감정적인 반응을 이끌어내기 위해 더 극심한 상황을 연출해서는 안 됩니다.
- 빈곤과 기아, 질병과 관련해서 아동을 다룰 경우 반드시 부모의 동의를 받아야 합니다.
- 질병의 발생 원인과 증상에 대해 편견을 갖지 않도록 명확하게 전달해야 합니다.
- 질병에 대한 근거 없는 '괴담'이 퍼지지 않도록 사실만을 전달해야 합니다.

언론이라는
어른

"그간 언론에 '자립준비청년'의 이야기가 많이 보도되었는데, 언론에게 요청하고 싶은 것이 있으신가요?"

열여덟 어른 청년 토론회에서 만난 기자의 질문이다. 최근 자립준비청년의 이슈가 우리 사회에 급부상했다. 정부 정책도 발표가 되었고 최근까지 다양한 민간, 공공기관에서 지원을 확대하고 있으며, 사무실로도 많은 지원 문의들이 이어지고 있다.

'열여덟 어른' 캠페인이 마중물 역할을 했다고 자부하지만, 그만큼 언론의 힘이 컸음을 부정할 수 없다. 캠페인을 처음 오픈했을 때부터 KBS, 한겨레21, 서울신문 등 다양한 언론 매체에서 관심을 갖고 앞다퉈 캠페인 이야기들을 다뤄

주면서 자립준비청년에 대한 관심이 점차 확산되었다.

처음에는 언론의 관심이 즐겁고 감사했다. 그런데 언론 취재가 이어지면서 고민에 빠졌다. 언론에서는 자립준비청년이 퇴소 후 얼마나 힘들게 살고 외로운지 보여주고 싶어 했다. 연락이 끊긴 부모님과의 관계를 궁금해했고, 성장 과정에 상처받고 힘들었던 이야기를 취재하기도 했다. 캠페이너이긴 하지만 당사자로서 상처받을 수 있기 때문에 우리는 조심스러웠고 민감하게 반응을 하며 언론과 부딪히기도 했다.

한번은 P에게 연락이 왔다. 방송사에서 명절에는 어떻게 지내는지 촬영을 하기로 했었는데, 미역국 한 그릇이라도 떠서 외롭게 밥 먹는 모습을 촬영하자고 했다는 것이다. 그런 장면이 불편했던 P는 어렵다고 거절했음에도 촬영을 요구했다고 한다. 지역이 멀어 취재 지원을 가지 못했던 것이 실수였다. 혹시라도 상처가 됐을까 싶어 미안하다고 전하고 다음에도 그런 요청을 하면 거절하라고 꼭 일러두었다.

이런 장면을 연출하고자 했던 언론은 취재 윤리에 어긋난 것일까? 꼭 그렇게 생각하지는 않는다. 자립준비청년들이 퇴소 후 어려움을 겪는 것은 사실이고, 누군가는 명절 때

외로움을 겪고 도움을 필요로 하기 때문에 이를 시각적으로 보여 주고자 했던 것이라고 이해한다. 또한 문제를 알리려면 시청자들을 공감시켜야 하고, 공감시키기 위해서는 설명이 아니라 시각적으로 보여 줌으로써 느끼게 해야 한다는 것을 잘 알고 있기에 언론이 왜 '그림'을 만들자고 한 것인지 이해한다. 다만 캠페이너가 언론에 나서는 이유는 '삶이 어렵다'라는 사실을 얘기하려는 것이 아니라 당사자로서 당당히 자신의 목소리를 전하고, 당사자 프로젝트를 통해 무엇을 하는지 보여 주고자 했던 것이다.

다시 돌아가 기자의 질문에 대답을 하자면, 어려움을 얘기하는 것은 필요하다. 그러나 언론 보도가 거기에 그치지 않았으면 좋겠다. 자립준비청년의 문제는 퇴소 후 힘들고, 명절에 외롭고, 도와줄 사람이 없다는 것 외에도 이야기해야 할 화두들이 참 많다. 앞으로는 자립준비청년들의 문제를 보여 주는 것에 그치지 않고, 이들이 왜 어려움을 겪는지, 왜 해결하는 것이 어려운지 얘기해 주길 바란다. 그래야 현상 너머 근본적인 원인을 볼 수 있을 것이다. 또한 자립준비청년은 편견으로 인해 세상에 당당히 나서기 어려워한다는 점을 이해해 주었으면 좋겠다. 아울러 언론에 다뤄진 내용으로 인해 동정이나 낙인이 반복되고 강화되지 않도록 특별히 신경써 주길 바란다. 갓 어른이 되어 세상에 나와야 하는 이들을 향한, 어른으로서 우리가 잊지 말아야 할 배려이다.

쌓여 가는 고민에도 불구하고 자립준비청년에 대해 기사와 방송을 많이 내주기를 희망한다. 더 많은 보도가 있어야 한다. 자립준비청년들이 잠깐 유행처럼 지나가는 '이슈'로 남지 않고, 지속적인 관심을 가져야 할 '사람들'로 남았으면 좋겠다. 그간의 정책 변화, 대중의 관심은 언론에서 관심을 갖고 힘써 주었기 때문이라고 믿는다. 그런 변화를 통해서 실제 당사자의 인생이 변하고 사람들의 생각이 바뀌는 현장을 우리는 보고 있다.

"팀장님, 저도 이 문제를 자극적으로만 다루고 싶지 않아요. 좀더 고민해야 하는 문제들을 다루고 싶어요." 취재를 하던 기자님들의 약속이 기억난다. 이 약속을 지킨 분들도 있고, 약속과 다른 취재로 이어진 경우들도 있다. 다들 놓인 환경 속에서 할 수 있는 만큼의 노력들을 했으리라 믿는다.

언론사들의 경영 환경이 갈수록 어려워지고 있는 것도 잘 안다. 그러다 보니 자극적이고 클릭을 유도할 수 있는 기사들을 발행하는 것도 어느 정도 이해는 된다. 언론 환경이 이렇다 보니 바뀌기는 쉽지 않겠지만 원래 변화는 작은 것에서 시작하는 것이 아닐까. 언론인들의 마음속 작은 부분부터 이들을 향한 배려와 어른으로서의 책임감이 먼저 생겨날 수 있다면 거대한 움직임이 일어날 것이라 믿는다. 이런 논의들이 더 많아져서 개별 기자가 고민하고 싸우지 않아도, 언론 환경, 데스크, 대중들까지 조금씩 바뀌어, 자립준비청년들을 위한 변화의 움직임이 더 많아지기를 기대한다.

죄 없는 자,
먼저 돌을 던져라

사무실 전화 벨소리가 유독 크게 울렸다. 전화를 받은 팀원의 얼굴이 빨개졌다. 수화기 너머로 상대방의 목소리가 들렸다. 안절부절하는 팀원을 보니 무슨 일이 생긴 것이 틀림없었다. 무슨 내용인지 전해 듣지도 못한 채 연결해 달라고 말하고 자리에 앉았다.

"사실이 아닌 일로 그렇게 말하면 안 되죠."

전화를 받자마자 알아들을 수 없을 정도로 쏘아붙였다. 열여덟 어른 캠페인 광고에 대한 컴플레인이었다. 보육원을 퇴소하는 친구들이 다 지원을 받고 나오는데 왜 그런 광고를 했냐며 지적했다. 정확히 어떤 문제인지 물어보니 "퇴소할 때 박스 하나에 모든 짐이 담겨 나왔다"는 말이 문제라는 것이다. 사실 그건 캠페이너가 직접 한 말이지 꾸며낸 것도 대신 써 준 것도 아니다. 처음에는 누군지 밝히지 않았으나 통화를 하다 보니 보육원에서 일하시는 분이라는 것을 알게 됐다.

캠페인이 언론의 관심을 받고 이슈가 심화되면서 몇몇 아동보호시설들이 불편해하는 기색과 긴장감이 느껴졌다. 실제로 몇몇 기자들은 시설 취재가 필요한 것 같다며 혹시 취재 가능한 시설은 없는지 묻기도 했다.

토론회, 정책간담회 등 여러 자리에서 자립준비청년을 위한 대책들이 논의될 때마다 "왜 자립교육을 제대로 시키지 못했는지, 퇴소한 아이들 관리를 왜 못하고 있는지"를 성토하곤 했다. 결국 현장 시설이 왜 아이들에 대한 책임을 지지 못했는지 묻는 것이었고, 시설의 책임이 강화된 정책들이 수립되기 시작했다.

오랜 시간 이들 곁을 지키고 수고한 사람은 현장의 종사자들이다. 적은 연봉에도 불구하고 신념을 갖고 이들을 돌보는 데 힘쓴 분들이다. 물론 그중에 과오들도 분명히 있다는 것을 알고 있다. 그러나 과오를 일반화하여 아동보호시설 전체의 문제로 삼아서는 안 된다. 자립준비청년에 대해 오랜 시간 정부는 물론 언론, 대중들까지 지원은커녕 관심과 응원도 많지 않았다. 특히 정부는 이제 와서 책임을 현장 시설에 미뤄서는 안 된다. 누구보다 먼저 들여다보고 지원을 강화하고 정책을 마련했어야 했던 정부가 남 일처럼 문제를 지적한다는 것은 어불성설이다. 오히려 어떤 어려움이 있었는지 듣고 개선하기 위한 노력을 해야 한다. 그런 관점 없이 헌신, 투명성, 전문성만을 요구하게 되면 아이들을 건강하게 양육할 수 있는 생태계는 조성될 수가 없다.

퇴소 전후 자립준비청년의 관리를 하도록 자립지원전담요원이 있는데 왜 관리가 안 되는지에 대해 지적을 하는 경우가 많다. 자립지원전담요원 한 명이 담당하는 자립준비청년의 수는 백 명 가까이 되기 때문에 관리는커녕 전화 통화 한 번 하기도 힘든 숫자이다. 이런 현실을 알지 못한 채 관리를 잘 해내라고 하는 것은 잦은 인력 교체를 유발하고, 전문성을 약화시킬 뿐이다. 실제로 많은 시설 종사자들의 연봉은 아주 낮은 수준이며 이는 자연스레 보육사가 자주 바뀌는 문제로 이어진다. 당사자들의 얘기에 따르면 '엄마' '삼촌'이라고 부르던 보육원 종사자들이 자주 바뀌는 바람에 관계 형성을 하기가 힘들었다고 한다. 한 자립전담요원의 고민을 전해 들었다. 활동비마저 부족하여 자립청년들을 만날 때마다 자비로 교통비, 커피값 등을 지출하고 있다는 얘기였다. 이런 생태계에 대한 고민은 하지 않은 채 자립지원전담기관들을 설립했고 전담인력을 확충했다고 만족해서는 안 된다. 실제로 잘 운영될 수 있도록 적절한 처우와 전문성을 확보할 수 있도록 해야 한다.

현장의 실제 필요와 현실을 고려하지 않고 정책을 밀어붙여서도 안 된다. '자립교육'의 중요성이 강화되면서 주말이 되면 보육원에서는 자립교육들이 넘쳐 난다고 한다. 교육을 준비해야 하는 종사자들도, 교육을 들어야 하는 당사자들도 어려움에 허덕이고 있다. 우리가 말한 것은 적절한 교육이 필요하다는 것이었지, 개선될 여지 없는 일방적인 방식을 말했던 것은 아니다.

정부 정책과 개선안에 날카로운 비판을 해 달라는 요청도 종종 있다. 그럴 때마다 나는 "정부도 많은 고민을 하고 노력을 하고 있다. 물론 완벽한 정책 개선안은 아니지만, 한 술에 배부를 수 없듯이 한 걸음 나아갔다고 생각하며 비판보다는 박수를 보내는 것이 맞다"고 얘기했다. 정부를 비판하고 정책이 잘못됐다고 말하는 것보다 노력하고 있는 또 하나의 주체로서 서로 격려하며 같이 방법을 찾아보자고 나서는 것이 사회 변화를 이끌 것이다.

지금 우리에게 필요한 것은 날선 비판이 아니라 성숙한 논의이다. 누군가를 지목하고 비판하는 것은 간단하고 쉬운 방법이다. 하지만 문제를 해결하기 위해 다방면의 논의를 하는 것은 어렵고 오래 걸리는 방법이다. 그러니 자연스럽게 쉬운 방법을 택하려는 것 아닐까. 대부분 정부가 바뀌면 된다고 생각하고, 시설이 바뀌면 된다고 생각한다. 그러나 이 문제는 간단하지 않다. 정부, 언론, 시민단체, 아동보호시설, 대중 그리고 당사자들까지 변화를 위한 노력을 함께해야 한다. 대척점에 서 있는 구성원이 아니라, 이 문제를 해결하기 위한 TF팀처럼 한 테이블에서 논의해야 한다.

캠페인의 마지막 퍼즐은 당사자가 풀어야 한다는 생각이 든다. 정책이 바뀌고 인식이 바뀌더라도 결국 자립준비청년이 자립하기 위해서는 스스로 일어서야 한다. 무관심과 편견에 대한 사회 각층의 반성과 자립준비청년에 대한 응원이 늘어나고 있다. 그러나 인생을 잘 살기 위해서는 밖에서의 움직임만으로는 될 수가 없다. 더 이상 외부에 이유를 두지 말고, 안으로부터의 변화를 위해서 당사자들이 움직여야 한다.

얼마 전 광주에서 자립준비청년이 스스로 목숨을 끊은 사건으로 많은 사람들이 마음 아파했다. 왜 우리는 젊은 청년의 소중한 생명을 지켜내지 못했을까 돌아보았다. 그러나 당사자들에게는 놀라운 소식이 아니었다. 한 당사자의 말을 빌자면, "뉴스 보도에 안 나와서 그렇지 불과 몇 개월 전에도 그런 일이 있었어요." 이미 오래전부터 자립준비청년들은 허덕이는 삶을 살아오고 있었다. 우리는 뒤늦게 이 사실을 알게 됐을 뿐이다. 지금 누구에게 잘못이 있었는가를 따질 때가 아니다. 무엇이 문제인지를 정확히 아는 것이 중요하다. 지금도 퇴소를 하여 세상에 나오는 이들이 있고, 세상에서 자립하고자 살아가는 이들이 있다. 사회 각계각층의 관심이 몰린 최고의 기회를 헛되이 보내지 않도록 진심으로 이 문제를 들여다보는 기회가 되기를 바란다.

보호와 보육을 넘어 양육으로

나는 아이들을 잔뜩 혼내고, "내일은 화내지 말아야지. 더 좋은 아빠가 돼야지"라고 다짐하는 전형적인 한국 아빠다. 그러나 다음 날이 되면 어김없이 화가 날 일들이 생긴다. 새끼손가락까지 걸고 약속한 일들을 금세 잊고 매번 어기는 아이들을 보면서, 속이 터지고 화가 난다. 자녀를 키운다는 것은 어긋나고 화가 나는 순간들의 연속이다. 한 육아 전문가는 "아이에게는 매일 했던 얘기도, 처음 하는 것처럼 생각하고 얘기하세요"라고 말했다. 이처럼 아이 하나를 키우는 데는 정말 많은 에너지가 필요하다. 자녀를 키우는 분들은 이 말에 공감할 것이다. 자녀 한 명을 키우는 것도 얼마나 힘든 일이지 이해한다면, 보육원에서 몇십 명, 몇백 명을 키운다는 것이 얼마나 어려운 일인지 짐작할 수 있다.

보육원처럼 공간, 인력, 예산 등 한정된 조건의 시설에서 많은 수의 아이들을 수용하기 위해서는 규칙이 필요하다. 규칙은 예외를 허용하기 어렵다. 예외가 생기는 순간 규칙은 무너지기 때문이다. 따라서 모두 예외 없이 엄중하게 규칙을 따라야 한다. 하지만 원래 아이들의 삶은 예외의 연속이다. 생각하지 못한 일들이 일어나고, 어른들의 규칙을 벗어나서 자신의 세계를 만든다. 그리고 이런 예외 상황에서 아이들은 자란다. 부모의 생각대로 자녀들이 자라게 하려고 훈육하고 가르치지만, 자식을 내 마음대로 하는 일이 세상에서 가장 힘든 일이라고 하지 않는가.

아이들은 남들과 똑같지 않다는 것이 허용돼야, '정체성'을 찾을 수 있다. 힘들고 피곤하지만 역설적으로 '예외'가 허용되는 양육 환경이 조성돼야 한다. 그래야 한 명, 한 명의 개성과 매력이 보인다. 모든 인간은 다르고, 다르게 살고, 다른 방식으로 생각한다. 건강하게 잘 자라는 것뿐 아니라 자기답게 자라야 진정한 '나'로 자랄 수 있다. 규칙과 시스템에 맞춰 살아야 한다는 것은 보육원에서 자란 아이들에게, '나는 누구인가' 고민할 시간도 허용하지 않는 것이다.

영화 <트루먼쇼>에서 트루먼은 짜여진 각본 속의 삶을

끝내기로 결심한다. 자립준비청년들에게도 그런 시간들이 필요하다. 규칙을 벗어나 '나'라는 존재에 대한 물음과 소중함을 느끼고 배워야 한다. 키가 자라고 몸이 건강한 것만으로 현대 사회에서 자립을 할 수는 없다는 것이 분명하지 않은가.

두 자녀를 키우면서 세상을 본다. 인간에 대해서 생각하고, 존재에 대해서 생각하게 된다. 작고 연약해 보이는 아이가 이유식을 먹고 걷더니 말을 배우고 학교에 다니기까지 경이로운 순간의 연속이다. 그러나 한순간도 내 예측대로 되지 않는다. 그렇기에 생명과 존재가 경이롭다고 느껴진다. 예외성이, 예측하지 못한 상황이, 내가 알지 못했던 세상의 단면들이 아름답고 무한한 생명력을 가진 것 같았다. 간혹 내 경험을 바탕으로 규칙을 정해 아이의 세계에 덮어씌우곤 해도 아이들은 항상 돌출된다. 내 생각을 흔들며 내 세계에 균열을 낸다. 그렇게 자기만의 세계를 만들어내는 것을 보며, 힘들어도 감사하다는 생각을 한다.

아들은 찌개 같은 국물이 있는 음식을 좋아하는 반면, 딸은 국물 음식을 좋아하지 않는다. 한 배에서 나왔는데 이렇게 다르다는 것은 참으로 놀랍고 신기하다. 하나하나 자기

개성이 있고, 잘하는 것과 못하는 것, 좋아하고 싫어하는 것이 어쩜 이렇게 다른지 신기할 정도이다. 자기를 먼저 안다는 것은 무엇일까. 흔히 말하는 특기, 취미 등 아주 사소한 것부터 인생에 대한 철학까지, '자기'에 대해 알아가는 모든 것이다.

"너는 뭘 잘하는구나" "너는 뭘 좋아하는구나"라는 얘기를 들으며 '나'라는 사람을 바라보며 살 수 있게 하는 것. 이것이 진짜 양육이고, 지금 시대에 홀로 자립한 채 살아갈 수 있도록 하는 삶의 근육이라고 믿는다. 보육원의 아이들도 자기만의 세계를 꿈꿀 수 있었다면 얼마나 좋을까. 자기가 뭘 좋아하는지 경험하고, 실패해도 괜찮다는 얘기를 들으며 자랄 수 있다면 어땠을까. 정말 걱정해야 하는 것은 아이에게 자기 뜻이 없는 것이라는 여성학자 박혜란 선생님의 말은, 보육원 시스템에 본질적인 질문을 던진다.

보육원은 그런 곳일 수가 없었다. 나이도, 성별도, 성격도 다른 아이들, 심지어 상처와 아픔이 있어서 더 섬세한 아이들이 백 명 가까이 함께 사는 곳이기 때문이다. 정해진 식단 앞에 반찬 투정도 허락되지 않는다. 백 명의 음식 취향을 맞춘다는 것은 불가능한 일이다. 아이들이 식단에 맞춰야 한다.

보호의 관점으로 시스템과 문화가 형성되었기 때문에 그동안은 보육원 시스템에 전인격적인 양육을 기대하기는 어려웠다. 자립준비청년의 자립 과정에서 발생하는 문제들을 보면, 양육의 관점이 보육원 시스템 안과 밖 모두에 적용해야 하는 시기가 되었다. 자립준비청년들에게 지원되는 교육과 프로그램들이 '자기다움'을 생각하고 '자기'를 경험할 수 있도록 변해야 한다. 일방적인 주입이 아니라, 스스로 선택하고 결과를 경험하게 하는 방식이 필요하다. 이제는 자신의 삶을 꿈꾸는 자립준비청년들이 될 수 있도록 노력해야 한다.

찬바람 가득한
얼음나라

"보육원을 나왔을 때 처음에는 정말 막막했어요. 마치 펭귄이 모래바람만 황량한 '어쩌다 사막'에서 살아가는 것처럼요."

자립준비청년은 만 18세에 아동복지시설을 나와 세상에서 '이방인'으로 살아간다. 낯선 세상에서 환영받지 못하는 존재로 살아야만 하는 운명이다. 주경민 캠페이너는 그런 마음을 담아서 '캐릭터 디자인 프로젝트'를 통해 '어쩌다 사막'이라는 일러스트에 자립준비청년의 이야기를 담아냈다. 그림 속 북극곰 '방곰', 북극여우 '맘폭', 남극펭귄 '숨펭'이는 모두 극지방에 사는 동물들이다. 그러나 이들은 각기 다른 이유로 '어쩌다 사막'으로 흘러 들어가게 된다. 방곰이는 빙하 위에서 낮잠을 자다가 온난화로 인해 얼음이 녹아서 눈을 떠보니 사막이었다. 맘폭이는 사냥꾼에게 쫓겨 엄마와 헤어져서 도망치다가, 숨펭이는 남들과 다른 얼굴 색깔로 인해 따돌림 받고 외로움 속에서 정처없이 떠돌다가 사막까지 이르게 된다. 이렇게 서로 다른 사연으로 사막에 오게 된 이들은 친구가 되고 힘이 되어 살아간다.

이때쯤 한국을 떠나 25년간 미국에서 살던 분의 이야기를 듣게 되었다. “내가 한국을 떠나 외국에서 산 지 벌써 25년이 되었더라. 지금 내 모습은 마치 따뜻한 나라에서 살던 닭이 어쩌다 얼음나라로 이사하여 정착한 것 같아. 찬바람 가득한 얼음나라에서 한 세월을 살다 보니 나도 펭귄 발처럼 보이려고, 검은 고무장화를 신고 사는 닭이 되어 버렸어.” 이 분의 덤덤하면서도 시린 고백은 주경민 캠페이너의 ‘어쩌다 사막’의 이야기와 다르지 않았다.

누구나 한 번쯤은 낯선 곳에서 어색하고 뻘쭘했던 기억이 있다. 이사라도 가게 되면 모든 게 낯설고, 풍경이 삭막하게 느껴지다가도 시간이 지나면서 동네에 아는 사람이 생기면 비로소 ‘내 동네’가 된 것 같다. 외국 여행을 갈 때도 마찬가지이다. 지인이 한 명이라도 있는 나라에 여행을 가게 되면 마치 기댈 곳 있고 급한 일이 생겼을 때 도움이라도 받을 수 있을 것 같은 안정감이 느껴진다.

열여덟 어른의 세계도 그렇다. 이들은 보호시설의 문을 닫고 나오는 순간, 찬바람 가득하고 얼음으로 이루어진 세상 속으로 나온 것 같은 기분을 느낀다. 나만 빼고 모두 잘 지내는 세상에서 홀로 남겨진 기분이다. 급한 일이 생기면 연락할 사람 한 명 있는 게 무척이나 큰 힘이 되는 세상이다.

엄밀히 말하면 이방인이 되는 것은 꼭 공간적 이주에만 해당되는 말이 아니다. 모태를 떠나 세상에 나온 순간부터 모든 인간은 이방인이 된다. 탄생부터 죽음에 이르기까지 모든 존재는 고독을 느끼며 살아간다. 자아와 타자를 구분하면서부터 내가 혼자라는 것을 절실히 느끼며 살아가게 되는 것이 우리의 삶이다. 심지어 부모 자식 간에도 남이라는 것을 인식하게 된다. 이어령 선생은 어린 시절, 열이 나는 펄펄 끓는 이마에 어머니의 차가운 손이 덮어지는 순간 어머니도 남이라는 사실을 느꼈다고 했다. 부모도 한몸일 수 없다는 사실을, 빨리 인정해야 고독으로부터 몸서리칠 만큼의 고통을 덜어낼 수 있을 것이다. 모든 인간은 누구나 이 땅에 잠시 사는 이방인일 뿐이다.

그러니 주인이 아닌 이방인들끼리 서로를 위로하고 돌아봐 줘야 하지 않을까. 우리가 자립준비청년에게 많은 관심을 갖는 것도 아파본 사람이 아픈 사람을 위로할 수 있듯이 자립준비청년의 삶에서 우리의 아픔과 외로움을 보기 때문일지도 모른다. 결국 동정이나 도움을 주고받는 관계가 아닌, 같은 처지의 이방인들끼리 서로 돕는 세상이라고 생각한다면 서로에게 조금은 위로가 될 것 같다. 서로를 '방곰' '맘폭' '숨펭'이라고 생각하면 어떨까. 위로하고 응원하며 살아가는 '어쩌다 사막'에 살고 있는 이방인들처럼.

감사하며 살아야 한다면

"감사합니다."

평소에는 반말을 하며 까부는 녀석들이 꼭 편지를 쓰면 '낳아주셔서 감사합니다. 키워주셔서 감사합니다'라고 쓴다. 그런 말들을 볼 때마다 어색함이 느껴져서 싫다. 어디선가 배워온 듯한, '어버이께 드리는 감사'와 같은 거리감 때문이다. 감사하다는 말이 듣고 싶어 자녀를 키우는 게 아닌데, '감사하다'는 말에 아이들을 사랑하는 내 마음의 가치가 퇴색되는 느낌이다.

가까이에서 지켜본 자립준비청년들의 삶은 '감사하며 살아야 하는 삶'이었다. 이들에게는 어려서부터 '감사한 일'

도 '감사한 분'도 참 많았다. 보육원에 있을 때는 함께 사는 원장님, 선생님, 이모, 삼촌, 자원봉사자분들, 개인 후원자분들 등. 그분들께 감사한 마음을 잊지 말라고 항상 교육을 받으며 자랐다. 퇴소를 해도 이들은 정부, 기업, 교회, 민간 재단 등으로부터의 지원과 장학금 등에 감사를 표해야 한다. 이들은 그렇게 자란다. 탄생부터 국가의 지원에 감사해야 한다. 돌봐주는 시설과 고생하시는 종사자분들부터, 퇴소 후 도와주시는 분들까지. 감사해야 할 분들이 많다는 사실에도 감사하며 살아간다. 감사한 이들이 많은 것은 좋은 일이다. 다만 당사자 입장에서 평생 감사를 하며 살게 되면 어떻게 될까.

자립준비청년들은 어려서부터 많은 사람들에게 감사하는 환경 속에서 살다 보니 진심을 담은 감사가 어려웠다고 한다. J는 1년 동안 후원해 준 후원자, 이해관계자분들을 모시고 감사하다는 노래를 부르는 행사를 위해 밤새 연습을 했다. 하지만 무대에서는 기계처럼 감사의 노래를 불렀다고 한다. H는 얼굴도 모르는 후원자에게 감사 편지를 쓸 때 마지막은 항상 '감사합니다'로 끝냈는데 "그 편지에 과연 진심이 담길 수 있을까요?"라는 말을 남겼다.

누군가에게 빚진 마음으로 산다면, 제 목소리로 의견을 자유롭게 낼 수 없다. 도움받는 입장이기 때문에 조금 불편한 일이 있더라도 참아야 하고, 어떤 일에도 미소 지어야 하는 일이 많다. 더 큰 문제는 감사함에 익숙해지다 보면 도움받는 존재로만 머물게 되는 것이다. P는 주거 지원을 제외하고 자립준비청년으로 받을 수 있는 지원들을 받지 않겠다고 선언했다. 주변 친구들을 보니 지원받는 것에 익숙해져 자립보다는 지원에 더 의지하게 된다는 것이다.

캠페이너들이 캠페인을 하겠다고 결심하며 똑같이 했던 말들이 있다. "평생 도움을 받았으니 후배들에게 도움을 주고 싶다"는 것이었다. 지금 생각해 보면 '평생 도움을 받았으니'에 담긴 수동적 상태에서, '누군가에게 도움을 주고 싶다'는 능동적 상태로 자신들의 정체성을 바꾸는 결심이었다고 생각한다. 자립준비청년들도 능동적으로 살아가야 한다. 누군가에게 받은 도움을 사회에 다시 돌려줄 수 있는 기회도 있어야 하고, 자신의 가치가 소중하다는 것을 깨닫는 경험도 필요하다. 그래야 빚진 마음 없이 당당히 살아갈 수 있을 것이다. 지원 정책들이 자립준비청년들을 돌봐줘야 하는 수동적인 사람으로만 보지 않고, 주체적인 사람들로 바라본다면 지원 사업의 형태도 공급 중심적인 방식에서 벗어나 지금껏 보지 못했던 능동적인 경험을 할 수 있는 지원 정책으로 이어질 것이다.

열여덟 어른 캠페이너들이 캠페인 활동을 하면서 자존감이 회복되고 당당해지는 모습들을 보게 됐다. 불과 몇 년 전만 해도 바뀌지만 않을 것 같은 현실 앞에 좌절하며 "이번 생은 틀렸다"고 생각했던 S는, "20대 중반의 나는 조금 달라졌다"고 글을 썼다. 캠페인 활동을 하면서 "감사합니다"라는 말만 했다면 이런 변화는 생기지 않았을 것이다. 당당하게 자신들의 목소리를 내고 사회를 변화시키고 사람들이 감동하는 모습을 보며, S의 자존감이 회복되는 시간들이 주어진 것이다.

감사한 마음을 갖는 것은 올바른 일이지만, 평생 그 상태에 머무르는 존재가 되지 않도록 자립준비청년들을 바라봐야 한다. 국가와 사회가 이들의 보호자라고 생각한다면, 우리 사회가 이들에게 지원하는 것은 당연한 책임이고, 자립준비청년들이 지원받는 것도 당연한 권리다. 그러니 빚진 마음으로 도움받는 단계에만 머물지 않도록, 사회 구성원으로 이타적인 가치를 경험할 수 있는 단계로 나아가야 한다. 그래야 자립준비청년들도 사회의 관심과 지원에 감사하면서도, 가슴을 펴고 당당히 살아갈 수 있을 것이다.

"제가 나쁜 사람은 아니고, 좋은 이모라고 생각하고 음식도 챙겨 주면서 지내고 싶어요."

"저희 회사가 숙식도 가능하고 열심히 일하면 돈도 꽤 괜찮게 버는 건실한 회사인데, 자립준비청년 한 명 추천해 주시면 좋겠습니다."

"아들이 외국을 나가서 방이 하나 비어 있어요. 2년 정도는 비용 걱정 없이 살아도 괜찮거든요."

종종 사무실로 걸려오는 전화들이다. 타인을 위해서 돈이 외에도 나눌 수 있다는 것을 보여주는 따뜻한 어른들이다. 시간과 마음까지 나눈다는 것은 어려운 일이기 때문에 이런 의사를 밝혀 주시는 분들께 항상 감사한 마음을 갖고 있다. 그러나 실제로는 자립준비청년들과 연결한 적이 거의 없다. 먼저 감사의 말을 전한 후 이유를 말씀 드린다. 전화를 걸기까지 마음을 먹기도 쉽지 않았을 텐데 실망하시지 않도록 설명을 드리면, 다행히 다들 "아 그럴 수 있겠네요. 생각하지 못했습니다"라며 이해해 주셨다.

생계가 어렵고 돈이 필요한 이들이니, 건강하고 좋은 일자리를 연결하면 아이들에게도 큰 도움이 될 것이라고 생각하겠지만, 취업 연계는 그리 간단하지 않다. 일자리가 생겼다고 알려줘도 자립준비청년들이 승낙하는 경우는 적다. 어떤 회사인지도 잘 모른 채 생전 가 보지 않은 지역으로 이사가기는 쉽지 않다. 안 그래도 인간관계의 폭이 좁기 때문에 자립준비청년들에게 새로운 지역으로 일하러 간다는 것은 몇 안 되는 지인들마저 만나기 어려워지는 것을 의미한다. 설령 이사할 필요가 없는 가까운 곳이라 해도 상황은 마찬가지이다. 또한 자립준비청년을 위한 일자리는 말 그대로 자립준비청년이기에 제공되는 자리이기 때문에 편견과 낙인이 생기는 것을 걱정한다. 본인의 비밀을 밝히면서까지 직장에 들어가기는 참 어려운 일이다. 만약 비밀로 해 준다고 해도 누군가는 알고 있을 것이며 소문이 날까 조마조마

한 상태로 직장 생활을 잘하기는 어렵다.

반대로 퇴소 초기 자립준비청년들을 안타깝게 여겨 선의로 아르바이트 채용을 하고서 마음고생하는 사장님들의 얘기들도 들려온다. 자립준비청년들이 열심히 일하면 더 많은 애정과 호의로 도와 주려고 했지만, 잦은 실수나 약간의 어긋난 행동들을 보면서 무조건 잘해 주려던 마음이 변하기도 한다. 자립준비청년들은 사회생활을 하면서 관계를 맺고 소통하는 것이 서투를 수 있다. 그러다 갑자기 연락이 두절되고, 일을 그만두는 경우들도 자주 생긴다.

개인적으로는 자립준비청년에 대한 호의로 관계를 맺거나 개인적인 지원을 하는 것에 대해 조심스럽고 부정적인 입장이다. 양쪽 모두 상처받을 수 있는 가능성이 높은데, 이는 상호 관계가 어긋난 상태에서 관계 맺기를 시작하기 때문이라고 생각한다. 자립준비청년들에게 개인적인 제안을 하려는 마음 깊은 곳에는 '호의'가 자리 잡고 있다. 호의는 내가 조금 손해를 보면서까지 일방향으로 베풀고 있다고 생각하게 하고, 그 마음은 감사하다는 피드백을 내심 바라게 된다. 내가 이렇게 자기를 위해 애썼는데, 참아줬는데, 도와줬는데, 라는 마음이 건강한 끝맺음을 어렵게 만든다. 반대로 자립준비청년 입장에서는 자격지심이 들 수 있다. 본인의 잘못이었음에도 혼나거나 지적받게 되면 "내가 혹시 보육원 출신이라서 그러는 거냐"라며 따졌었다는 S의 말처럼, 퇴소 후의 자립준비청년들은 몸도 마음도 아직 모든 것이 낯설고 서툴 수밖에 없다.

장애인으로 당당히 목소리를 전하는 유튜브 채널 <위라클>의 크리에이터 박위는 오스트리아의 대중교통 시스템을 소개한 적이 있다. 오스트리아 시내의 트램을 이용한 박위는 트램 기사의 도움을 받아 하차할 수 있었다. 기사의 표정이 좋지 않은 것을 본 그는 오스트리아에 거주하는 지인에게 혹시 기사가 기분 나빠하는 것인지 물었다. 지인은 "기분이 나쁜 게 아니라, 직업 정신이 투철한 거예요"라며, 베리어프리(장애인 이용이 가능하도록 한 시스템)를 이용하는 사람이 많기 때문에, 동정으로 장애인을 특별히 돕는 것이 아닌 일로써 접근한 것이라고 설명했다.

한쪽은 돕고 한쪽은 도움받는 인간관계는 오래 유지되기 힘들다. 오스트리아의 기사처럼 장애인을 돕는다는 생각이 아니고 자연스레 해야 할 일을 했다고 생각해야 한다. 그러면 장애인 입장에서 고맙다는 말을 할 필요도, 미안해 할 필요도 없다. '도움을 주고 도움을 받는' 관계에서는 불편한 점이 생기더라도 꾹 참게 된다. 하지만 일적인 관계가 되었을 때는 불편하다고 말할 수 있다. 이것이 관계의 가장 기본이라고 생각한다. 자신의 권리와 생각을 아무렇지 않게 얘기할 수 있도록 하는 것. 이것이 담보되지 않을 경우에는 상호 상처받는 일들이 많을 수밖에 없을 것이다.

자립준비청년들이 건강하게 살아가는 데는 분명히 '좋은 어른'들의 역할이 있었다. 개인 후원자로서, 좋은 선생님으로서 힘들 때마다 얘기를 들어주고 물질과 마음을 나누고 곁을 내어준 어른들이 분명히 있다. 그런 관계들을 보면 어려서부터 자연스럽게 그리고 오랫동안 이어진 관계가 많았다. 더 중요한 것은 마음의 문이 열리지 않았는데, 갑작스레 그 문을 열고 들어가서는 관계가 이뤄지지 않는다는 것이다. 자립준비청년을 돕고 위로해 주고 싶은 마음은 잘 알지만, 생각보다 개인이 그 곁을 지킨다는 것은 쉽지도 않고, 건강한 방법도 아니다. 좋은 이모가 되어 안쓰러운 마음에 반찬도 챙겨 주면 관계를 맺고 싶다는 요청이 있을 때마다, 당사자들은 어떻게 거절해야 하나 난감해한다.

휠체어를 탄 장애인을 돕겠다며 막무가내로 다가가 밀어 주거나 잡아 주는 경우가 있다. 시각장애인에게 길을 안내해 주겠다며 몸을 잡고 방향을 돌려 주는 선의도 있다. 하지만 이런 행동들은 당사자를 당황스럽게 만든다. 먼저 도움이 필요한지 물어봐야 한다. 제가 도와드려도 될까요? 그렇게 관계는 조심스럽게 시작돼야 한다.

또한 생각보다 우리가 할 수 있는 것이 많지 않다는 것도 받아들여야 한다. 조언을 해 주고 챙겨 주는 마음으로 사람은 바뀌지 않는다. 감동적인 만남을 기대하겠지만 생각보다 자주 허물어지고 바스러져 버리는 관계가 되기 쉽다. 30년을 재소자 곁에서 자원봉사하며 재소자들의 삶에 함께 했던 양순자 님은 "자식의 신발 신는 습관 하나도 못 고치고 시집을 보냈다"며 잠시 도움을 줬다고 변화를 기대하지 말라고 했다.

그럼에도 도움을 주고 싶다는 이들은 어떻게 해야 할까. 방법 중 하나는 보육원을 꾸준히 오래 찾아가는 것이다. 처음부터 아이들을 만나며 인간적인 관계를 맺는 것이 아니라, 시설의 부족한 일손을 채우며 주변의 일들을 먼저 시작하면서 스스로를 점검하는 것도 좋을 것이다. 잠깐의 마음이 동한 것은 아닌지, 오래 마음을 다치지 않고 나눌 수 있는지 확인하는 시간이 필요하다. 그렇게 신중히 고민하면서 사람을 만나는 건 가장 나중 일이 되어야 하지 않을까 생각한다. 그리고 잊지 말아야 할 것은 큰일을 할 수 있다는 기대를 하지 않고, 언제라도 도움을 필요로 할 때 마음을 열어 줄 수 있는 어른이 있다는 것을 알려 주는 것이다.

"내가 혹시 다가가도 되겠니?"라고 말하며 조심히 다가가 주길 바란다.

혼자만의 공간에서
나는 자란다

"아빠, 우리 아파트에 내 비밀 공간이 있는 거 모르지?"

기분이 좋았는지 딸이 비밀을 말해줬다. 학교 갔다 오는 길에 아파트 주민들이 가꾸는 텃밭이 있다. 그런데 그 옆에 나뭇가지를 젖히고 들어가면 혼자 서 있을 수 있는 비밀 공간이 있다는 것이다. 특별히 하는 것은 없지만 가끔씩 거기에 서서 가만히 있다가 온다고 한다. 언젠가는 땅에 떨어져 있는 작은 열매를 올려두고 왔는데 다음에 가보니 썩어 있는 걸 보아 아무도 오지 않는 공간인 것 같다고 했다. 그래서 나도 어릴 적 비밀 공간을 얘기해 줬다. "아빠도 어릴 때 비밀 공간이 있었어. 아파트에 누군가 버려둔 장롱이 있었는데, 그곳이 아빠와 친구들의 비밀 공간이었어."

비밀 공간은 아늑하고 세상과 단절된 것 같은 매력이 있다. 일과 육아에 지친 이들이 퇴근하고서 가끔은 집에 들어가지 않고 차에서 라디오를 들으며 잠깐이라도 쉰다는 얘기도 종종 듣는다. 이런 걸 보면, 어릴 때도, 어른이 되어서도 이런 공간이 필요한 것 같다.

보육원은 혼자만의 공간이 허용될 수가 없는 곳이다. 아침이 되면, 정해진 시간에 다 같이 눈을 뜨고, 같은 시간에 정해진 음식을 먹는다. 학교에서도 많은 친구들과 같은 공간에서 하루 종일 수업을 듣는다. 방과 후 친구들과 삼삼오오 놀 수 없는 아이들은, 통금 시간에 맞춰 시설로 돌아온다. 숙제와 저녁 식사를 한 후, 청소를 하고 잠에 든다. 쉴 새 없이 이어지는 짜여진 삶 속에서 자기 홀로 있을 수 있는 공간도 시간도 없다.

주변 소음 하나 들리지 않는 조용한 곳에서 숨 죽여본 경험이 있다면, 심장 소리가 얼마나 큰지 알 것이다. 가만히 잠들어 있는 아기의 가슴에 귀를 대면 쿵쿵 뛰며 살아있음을 어찌나 크게 외치는지 놀라울 정도이다. 고요할 때, 숨소리가 들리고 생명이 보인다. 언제부터 이렇게 힘차게 뛰고 있었는지, 쌕쌕거리며 숨이 오가는 소리가 들린다. 가슴이 오르락내리락 움직이는 걸 보며, '나는 기어이 살아 있으려고 이렇게 애써 움직이고 있었다'는 것을 실감하게 된다. 자립준비청년들도 고요의 시간에서 자신의 존재를 확인할 수 있었다. H는 학교에서 받은 상처로 세상이 무너지는 기분을 느낄 때 보육원 뒷방에 있던 작은 장롱 안으로 숨었다. 자기만의 공간이 허용되지 않던 그곳에서도 H는 홀로 고요히 있을 곳을 찾아냈다. 생명력이 가장 약해지는 시간에 오히려 생명의 의지를 찾아, 살아있음을 느끼려 했던 것이 아니었을까.

퇴소한 아이들은 자기만의 방이 있다는 사실에 기뻐한다. 처음으로 나만을 위한 공간이 생겼기 때문이다. 그곳은 지켜야 하는 규칙도, 선생님도 없어 눈치볼 필요 없는 자유로운 공간이다. 만 18세가 지나서야 자기만의 공간을 가질 수 있었다는 것은 슬픈 일이다. 이들은 처음으로 나만을 위해 존재해도 된다고 말해 주는 공간을 이제서야 만난 것이다.

자립준비청년들은 보육원에서 모두 같은 색깔의 인생을 그려 왔다. 천편일률적인 세상에서 살아오느라 자기만의 개성과 의미를 갖는 것이 허락되지 않았다. 처음 집을 구한 후,

자기가 어떤 걸 좋아하는지, 어떤 이불을 사야 할지 모르겠다고 했던 K의 말은 그래서 중요하다. 자기만의 공간이 있기에 처음으로 '자신'에 대한 생각을 할 수 있었다. 처음에는 이불로, 그 다음에는 전등으로, 그렇게 조금씩 넓어지면 마침내 자기 인생에 대한 관심으로 확장되는 것이다.

세월호 참사 희생 학생들의 방을 전시한 '아이들의 방' 전시회에 다녀온 적이 있다. 방은 저마다 아이들의 개성이 담겨 있었다. 창틀에 놓인 화분, 세계 지도가 붙어 있는 벽, 방 한쪽 구석에 놓여 있는 기타, 침대 위에 놓인 곰인형. 아이들의 존재가 느껴졌다. 아이들이 좋아하던 물건들을 통해, 방 주인들의 성격을 짐작해 볼 수 있었다. 주인을 쏙 빼닮은 방들을 보면서, 존재가 이렇게나 소중한 것이라는 것을 깨달았다. 텅 빈 공간을 보며 눈물이 핑 돌았고 존재가 그리웠다.

꽃, 세계지도, 인형 등 각자의 개성으로 빛나던 아이들을 우리는 지키지 못했다. 구멍 뚫린 배처럼 우리 사회는 아이들을 지키기에는 빈틈이 많다. 구멍이 왜 생기는지 분명히 알고 대처해야 한다. 열여덟 어른들이 자기만의 공간과 시간 속에서 자기답게 살아갈 수 있도록, 상처받은 세상에서 잠깐이라도 안전하게 쉬어갈 수 있도록 자기만의 공간이 허락될 수 있기를 소망한다.

IT'S A BEAUTIFUL DAY

AND I CAN'T SEE IT

뒤늦게 자립준비청년의 문제가 사회에 급부상했고 많은 고민들을 바탕으로 대책이 마련되었음에도 쉽게 해결책이 보이지 않는 현실이다. 그러다 보니 언론, 정부, 기업 등 많은 곳에서 '어떻게 해야 문제를 해결할 수 있는지' 묻는다. 그때마다 망설여지는 내 마음도 모르고, 그들은 나에게 명확하고 선명한 해결책을 요구한다.

열여덟 어른 캠페인을 처음 시작할 때부터 지금까지 우리의 메시지는 동일했다. '무엇'을 해야 한다고 말하기 전에 '문제'를 알리고 공감시키는 것이다. 가능하다면 문제 너머 '문제의 본질'까지 찾아보고 싶었다. 그래서 대책을 요구하는 질문에 몇 가지 방안으로만 얘기하는 것이 주저되었다.

허진이 캠페이너와 함께 진행한 '열여덟 어른 투자설명

회'는 그런 고민 속에서 나온 기획이었다. 여기서의 투자는 '마음' '시간' '관계' '공간' '정책' '인식' '말 한마디' '언론보도' '자원봉사' 등 여기에 다 담아낼 수 없을 만큼 다양하고 많은 형태를 말한 것이다. 열여덟 어른의 세계라는 컨셉으로, 오감을 이용해서 열여덟 어른의 입장과 생각을 느끼게 만들고자 했다. 투자설명회 후에는, 각자 자신의 위치에서 할 수 있는 역할들을 고민하게 하고 싶었다. 전문가들이 머리를 모아 정책을 만들어도 해결하기 쉽지 않기 때문이다. 그러니 자립준비청년의 경험과 입장을 느껴보고 공감하자는 것이었다.

한 영상에 겨울철 미국의 한 도시가 보이고 한 명의 시각장애인이 등장한다. 길가에 앉아 구걸을 하는 그의 곁에는 I'm Blind. Please help me(저는 앞이 안 보입니다)라는 문구가 적혀 있다. 무관심한 사람들은 바쁘게 지나쳐 간다. 그러던 중 한 여성이 나타나 갑자기 박스를 뒤집어 새로운 문구를 적어 주었고 이전까지는 관심 보이지 않던 사람들이 시각장애인에게 돈을 건네기 시작한다. 시각 장애인은 그 여성에게 무엇을 적었는지 물었다. 그러자 여성은 박스를 들어 화면에 비추었다. IT'S A BEAUTIFUL DAY AND I CAN'T SEE IT(정말 아름다운 날씨이네요. 그런데 저는 볼 수가 없습니다) 이 영상을 보면서 공감이 얼마나 중요한지 느꼈다. '도와달라'는 'What'에 대한 메시지에는 사람들이 반응하지 않는다. 문장을 바꿈으로써 시각장애인에게 공감하게 됐을 때, 무엇을 하라고 말하지 않아도 스스로 액션이 일어났던 것이다.

한 출판사와 미팅을 하던 중 대표가 질문을 했다. 봉사활동을 많이 했기 때문에 보육원 아이들이 개인적인 만남을 그리 원하지 않는 것을 잘 안다고 했다. 그럼에도 이들과 좋은 관계를 맺으며 마음을 나누고 싶은 경우에는 어떻게 해야 하는지, 멘토처럼 든든하게 기댈 수 있는 어른이 되어 줄 수 있는 방법은 없는지 물었다. 부끄럽지만 솔직히 말했다. "저도 잘 모르겠습니다. 분명히 마음을 열 수 있는 어른을 만난 당사자들은 위로를 얻고 안정감을 얻는 것은 사실입니다. 이런 어른이 필요한 것은 맞는데, 어떻게 자연스럽고 불편하지 않게 만나게 할 수 있을지는 모르겠습니다." 전문가라면서 간단한 질문에도 답을 못 했고, 지금도 여전히 매칭 방법을 찾아내지 못했다.

우리가 고민해야 하는 문제들은 너무나 많다. 어떻게 좋은 어른이 되어 줄 수 있는지, 미래를 꿈꿀 수 있는 청년으로 자라게 하는 방법은 무엇일지, 편견과 동정으로부터 자신의 마음을 지킬 수 있는 힘을 어떻게 키워줘야 할지, 어떻게 스스로 자립 정보를 찾아서 자립 준비를 잘 할 수 있는지, 미디어에 나오는 고아 캐릭터는 어떻게 바뀌어야 할지, 자립정착금 등 경제적 지원은 어떻게 더 개선돼야 할지 모든 해답을 제시할 수 없다는 것이 안타깝다. 그럼에도 어떻게 해야 할지 고민하는 이들이 늘어난다면, 조금씩 좋아질 가능성이 많아지지 않을까 싶다.

자립준비청년의 문제를 들여다볼수록 어렵다는 말을 한다. 그만큼 한두 개의 정책이나 시스템으로는 해결되기가 어려운 문제이다. 그렇기 때문에 더 많은 사람들이 이 문제에 공감하고, 함께 고민하고, 자신이 서 있는 자리에서 작은 노력을 해 줘야 한다. 드라마를 보며 '고아 캐릭터'에 대중의 불편한 목소리가 있어야 미디어 관계자들의 마음을 움직일 수 있을 것이다. 자립준비청년을 잘 알아야 알바생으로 만난 사장님의 과한 배려도, 비뚤어진 편견도 피할 수 있다. 보육원으로 자원봉사를 다니는 이들이 당사자들의 섬세한 마음을 알아야 아이들과 건강한 관계를 맺을 수 있을 것이다. 정부 관계자들은 당사자들이 왜 숨는지를 이해해야 정부 정책이 실효성을 얻을 수 있을 것이다. '공감'을 통해 같이 바꿔 보자는 얘기는 추상적이고 먼 나라의 이야기가 아니다. 오히려 더 많은 사람들이 동참해서 함께 바꿔 보자는 급진적이고 혁신적인 제안이다.

자립준비청년의 이야기를 더 많은 사람들에게 공감시키고 싶다. 이 책에서 What이나 How보다 Why에 집중해서 당사자들의 이야기를 전한 이유도 여기에 있다. 왜 이런 문제들이 생기고, 해결이 어려운지를 공감하면 복잡하고 오래 걸리더라도 조금씩 대안들을 찾아갈 수 있으리라 믿는다.

실패한다는
두려움

가수들은 공들여 준비한 앨범을 들고 나와서 대중의 엄격한 잣대 앞에 성공과 실패를 기다린다. 매번 성공을 위해 무대에 오르는 가수들은 얼마나 떨릴까 싶다. 이들은 실패하지 않기 위해 많은 노력을 할 것이다. 이런 의미에서 실패를 두려워하지 않고 '월간 윤종신'을 통해 매달 음원을 발표하는 윤종신의 도전은 특별하다. 윤종신은 한때 가요계 정상에 있었고 인기 예능 MC까지 꿰찼던 사람이다. 매달 앨범을 발표한다는 도전은 잃을 게 많은 싸움이다. 그럼에도 꾸준히 노래를 만들어내는 윤종신의 도전이 마음에 와 닿았다.

'실패'하지 않겠다는 생각에 얽매이면, 삶이 자유로울 수 없으며, 실패를 경험한 순간 일어설 수가 없게 된다. 기억해야 할 것은 실패와 실수가 없는 삶은 없다는 것이다. 실패가 있을 수 있다는 가정을 하지 않으면, 언젠가 닥쳐올 실패의 순간을 쉬이 이겨내기가 어렵다. 모든 실패는 인생의 과정 중 일부이고, 실패의 과정들이 쌓여야 인생이 성숙해진다는 것을 받아들인다면, 매 순간을 성공과 실패의 기준으로만 바라보지 않을 것이다.

열여덟 어른 캠페인도 그런 관점에서 시작되었다. 좋은 굿즈를 만들고, 언변이 좋은 캠페이너를 섭외하고, 재능 있는 친구들을 찾아 나선 것이 아니었다. 세상에 '할 말이 있는' 자립준비청년들을 만난 것이고, 이들과 함께 무엇을 할지도 정하지 않은 채 만났던 것이다. 그러니 당연히 성공할 수도 실패할 수도 있는 불안한 계획이었다. 아무것도 정해지지 않은 채 만나서 모든 걸 새로 시작하는 과정이 순탄치만은 않았다. 심지어 캠페인 오픈 일주일 전 어떤 이유로 오픈하지 못한 적도 있고, 당사자들의 개인적 어려움으로 인해 많은 시간을 쏟기도 했다. 계획했던 활동들이 무산되고 거절당한 경험들도 무척이나 많다. 그럼에도 매번 우리가 놓치지 않으려 했던 것은, 무산되었다 해서 우리의 과정이 무의미한 것이 아니라는 것이다.

자립준비청년은 실수하면 혼나고, 말을 잘 듣고 성취를

해내야 칭찬받는, 실패에 엄격한 환경에서 자랐다. 잘하든 못하든 칭찬하고 감싸 주는 세상에서 살았다면 좀 더 실패를 두려워하지 않았을 것이다. J는 몇 개월에 걸쳐 콘서트 행사를 준비했다. 전석이 매진되었고 순탄하게 준비하던 중, 갑작스런 급성 맹장염으로 입원하게 되었다. 결국 하루 전 행사를 취소할 수밖에 없었고, 이후 오랫동안 행사를 해내지 못했다는 자책과 미안한 마음에 힘들어했다. 나는 J가 당당하기를 바랐다. 열심히 노력했음에도 실패했다는 결론이 아니라, 열심히 노력하고 준비한 만큼 의미있는 시간이었다고 생각해 주기를 바랐다.

나에게 '열여덟 어른 당사자 프로젝트'는 "실패를 해도 괜찮아"라는 말을 해주고 싶은 '실패 프로젝트'였다. 그렇기 때문에 준비했던 프로젝트가 성공해도 감사하고, 가다가 멈췄어도 감사하다. 그만큼 어려운 길을 용기 있게 걸어갔으니까. 그 걸음만큼 성공한 것이다.

유화는 물감 위에 물감을 덧입혀 그린다. 그리다 보면 생각한 것과 다르게 그려지기도 하고, 어긋난 칠의 흔적이 남기도 한다. 그러나 그림은 거기서 멈추지 않기에 다시 새로운 물감으로 흔적들을 덮어 나간다. 그렇게 어긋난 붓의 움직임들이 쌓이면서 그림은 완성이 된다.

자립의 문제도 그렇다. 세상은 자립을 성공했느냐 실패했느냐 관점으로 바라본다. 취업하고 결혼하면 성공했다고 봐야 할까? 인간의 삶은 단순하게 성공인지 실패인지 가를 수 있는 문제가 아니다. 자립도 어느 순간 성공하는 것이 아니다. 자립준비청년들도 자립을 성취하기 위해 몸부림치지 않기를 바란다. 세상도 이들에게 자립에 성공했는지 묻지 않았으면 좋겠다. 자립을 한 어른들도 누군가에게 기대야 하는 순간들이 있다. 그러니 정책개선안이 발표되고, 지원들이 많아졌으니 이제는 자립을 해내야 한다는 기대를 내려 놓자.

열여덟 어른 캠페인 시즌 3를 준비하고 있을 때, 정부의 정책개선안이 발표되었다. 정책도 바뀌었는데, 캠페인을 계속해야 하냐는 물음들이 있었다. 자립준비청년들은 정책과 상관없이 성공과 실패를 반복하며 계속 살아갈 것이다. 그래서 시즌 3의 슬로건을 이렇게 잡았다.

"우리는 오늘도 자립하고 있습니다."

죽음의
수용소에서

열여덟 어른 캠페인을 통해 자립준비청년들의 삶을 만나던 시기는 내 인생에서 가장 힘든 시기이기도 했다. 아들의 아토피로 인해 고통스럽고 힘든 날들이 계속되고 있었다. 어릴 때부터 아주 작은 부분에만 있던 아토피가 갑작스럽게 온몸으로 번지고 악화됐다. 병원을 다녀도 스테로이드 처방만 강해질 뿐 정확한 병명도 알지 못했다. 아토피인지, 건선인지, 면역 질환인지도 분명치 않았다. 아토피 검사, 알러지 검사를 해도 원인은 알 수 없었고, 그 사이 병변은 온몸으로 퍼져 나갔다. 스테로이드 연고를 발라주는 것 외에는 할 수 있는 게 없다는 무력감과 좌절을 느꼈다.

왜 하필 나에게 이런 일이 생겼는지 원망스러웠고, 앞으로 나아지지 않을 거라는 절망에 빠졌다. 하루에도 몇 번이나 울컥하는 마음이 올라와서 나를 힘들게 했다. 가까스로 침을 삼켜서 울음을 참았다. 그러지 않으면 무너질 것 같았다. 울어도 속으로 울어야 했고, 아파도 속으로만 아파야 했다. 같은 시간 아내 역시 고통 속을 헤매고 있었다. 사람들과도 연락을 끊었다. 아픔을 공유하는 것 자체가 고통스럽고 위로도, 희망적인 말도 듣고 싶지 않았다. 이 문제가 해결되지 않는 한 이 고통은 끝나지 않았다.

이 고통이 끝나지 않는다면 나는 삶을 어떻게 버텨내야 하는지 답답하고 막막했다. 그때 심리학자 빅터 프랭클의 책 『죽음의 수용소』를 읽었다. 빅터 프랭클은 2차 세계 대전 당시 폴란드 아우슈비츠로 끌려가 온갖 고초를 겪은 홀로코스트 만행의 피해자였다. 스스로 할 수 있는 것이 아무것도 없던 수용소에서 많은 이들이 스스로 삶을 끊기도 했다. 그러나 심리학자였던 그는 '고통' 앞에 마주선 '삶의 의미'를 얘기했다.

고통이 나에게 가져다 준 선물은, 인생은 고통으로 인해 더 가치가 있다는 것을 깨닫게 해 준 것이다. 몸과 마음이 아픈 사람에게 함부로 위로를 하는 게 얼마나 큰 상처인지 알게 됐다는 아내의 말마따나, 아프고 보니 보이는 것이 많았다. 마음이 아파서 심장이 아리고 세상이 회색빛으로 보일 때, 다리가 주저앉을 것만 같은 감정을 겪어 봐야, '세상에는 이렇게 아프고 고통 속에 있는 이들이 많구나'라는 것을 알게 된다.

인생에 고통이 없기를 바라지만, 그럴 수 없는 것이 인생이라는 것을 인정해야 한다. 아프지 않기를 바라는 인생을 살기 때문에 우리는 아픈 것 아닐까. 인생은 원래 고통과 기쁨과 희로애락이 섞여 있다는 것을 인정하고 삶의 기준을 바꿔야 되지 않을까.

자립준비청년들의 삶의 의미도 여기에 있다고 생각한다. 지나온 시간들은 부정할 수도 미화할 수도 없는 분명한 삶의 흔적들이다. 늦은 밤 한 자립준비청년에게서 긴급 SOS와 비슷한 연락이 왔다. 숨이 쉬어지지 않았다고 했다. 변하지 않는 편견과 교묘한 친절 속에서 상처로 얼룩진 순간들이 터져 나왔다. 고통이 현재 진행형이라서 더욱 절망적이었다. 평생을 편견 속에서 홀로 살아 왔다는 말 앞에, 감히 상상하거나 경험해 보지 못한 내가 할 수 있는 위로는 없었다. 세상에 홀로 남겨졌다는 외로운 삶은 얼마나 고단했을까. 나에게 위로가 되었던 '고통은 참 아프지만, 그 속에 의미가 있더라'는 말을 건네 줄 뿐이었다.

자립준비청년들의 눈물 섞인 이야기를 들을 때마다 마음이 아렸다. 사람들이 다 알지 못하는 고통의 시간을 보내왔을 것이다. 고통을 소화해내지 못한다면 더 괴로운 인생의 파편들로 남을 것이다. 그러니 지금까지 어떻게 보내왔든 스스로 의미를 부여하고, 앞으로 더 잘 살기 위한 시간으로 만들어내야 한다. 고통까지 머금은 자기 인생을 사랑하고 아끼려는 시도들을 위해 힘내 주기를 바랄 뿐이다.

안녕,
열여덟 어른

열여덟 어른들을 만나며, 그들의 삶을 이해하기 위한 첫 질문으로 이름의 의미에 대해서 물어봤다.

단단하고 굳세게 살아온, 강빈

남들과 겹치지 않게 만들어진 남다른 이름, 진이

글자 그대로 자영한 삶을 꿈꾸는, 자영

고운 기둥이라는 뜻을 지닌, 연주

서옥처럼 밝게 빛나길 바라는, 규환

영리하게 길을 가길 바라는 마음의, 도령

열여덟 어른들은 자신의 이름대로 살아가고 있다. 부모님이 지어준 이름도 있고 시설에서 지어준 이름도 있다. 그러나 이름을 지어준 사람이 누군지 상관없이 이들은 자기의 모습대로 살아가고 있다. 자영이는 한자가 다르지만, '자영하다'(생계를 제 힘으로 잇다)라는 뜻으로 자신의 삶을 재해석했다. 이처럼 열여덟 어른은 각자 고유한 의미를 지닌 이름을 가지고 있고, 이름에 맞게, 존재에 맞게 자신의 개성대로 살아가는 이들이다. 그렇게 담담히 그리고 당당히 자신들의 삶의 의미를 이야기하기 시작했다.

나는 열여덟 어른 캠페인을 하면서, 자립준비청년들에게 빚을 지고 있는 것일지도 모른다. 자립준비청년을 다르게 보지 말자고, 보통의 청춘으로 봐 달라고 말하면서 '열여덟 어른'이라는 이름으로 이들을 묶어냈기 때문이다. 고아, 자립준비청년, 보호종료아동, 보호대상아동 등 이들을 표현하는 수많은 말들에 '열여덟 어른'이라는 단어를 하나 추가했다. 그러나 내가 만난 당사자들은 열여덟 어른이라는 한 단어에 묶일 수 없는 존재들이었다. 내가 만난 이들은 '신선'이었고, '허진이'였고, '손자영'이었다. 각자의 이름대로 살아가는 한 명, 한 명이었다.

열여덟 어른들에게 부탁하고 싶은 것은, 언제일지는 모르지만 각자 자신에게 맞는 시간이 되거든 당사자들이 열여덟 어른이라는 정체성을 벗어내기를 바란다. 언제까지고 열여덟 어른으로 남지 않았으면 좋겠다. 열여덟 어른이라는 이름은 사람들이 많이 봐주기를 바라며 우리가 만들어낸 포장지에 불과하다. 고정된 시선에 갇히기에는 한 명, 한 명이 놀라운 잠재력을 가진 존재라는 것을 알아주기를 바란다. 그러니 때가 되거든 스스로 그 포장을 뜯어내고 자기 이름대로 인생을 살아가기를 바란다.

그래서 이 책의 마지막 장에서 말하고 싶었던 것은 현재는 '열여덟 어른'이지만, 미래의 가능성을 놓치지 말자는 것이다. 열여덟 어른이라는 정체성은 넘어졌을 때 손잡아 주는 정도로, 외로울 때 혼자가 아니라는 위안을 줄 수 있는 정도로, 견뎌내기 벅찰 때 고개를 들어 앞을 바라보게 해 주는 정도면 족할 것 같다. 그렇게 용도가 끝났을 때는 이 단어에 더 이상 갇혀 있지 않고 자기의 이름으로 세상에 나가는 이들이 되어 주기를 바란다. 열여덟 어른을 벗어내고 자기다움을 갖추게 됐을 때, 또 다른 정체성으로 자신을 보여 줄 수 있을 때 이렇게 인사해 주길.

안녕, 열여덟 어른

에필로그

마지막 질문 앞에

고등학생 때 어느 날부터 한 무리의 외국인 노동자들이 우리 집으로 오기 시작했다. 얼마 지나지 않아 낯설었던 이들에게 한국말로 '형'이라고 부를 수 있었다. 엄마는 그때부터 외국인노동자들을 위한 활동을 시작했고 엄마로부터 듣게 된 '사장님 나빠요'와 같은 이야기들은 새로운 세상이 있다는 것을 알게 해줬다.

대학생이 되었고 한글 교육 봉사활동을 하고 있었는데 갑자기 출입국 관리소 직원들이 들이닥쳤고 수업을 듣던 외국인 노동자들이 위층으로 도망가기 시작했다. 믿기지 않는 속도로 뛰쳐나갔다. 이들은 옥상으로 도망가고, 화장실에 숨고, 잡히기도 했다. 소란이 일단락된 후 믿을 수 없는 사실을 알게 됐다. 옥상으로 도망갔던 한 명이 옆 건물 옥상으로 점프를 한 것이다. 생계가 걸린 문제 앞에서 생명을 담보로 건물 사이를 뛰어넘은 것이다. 두 다리가 완전히 부러져 옥상에서 소리치지도 못 한 채 괴로워하고 있었다.

대학교 때 교회 사랑부에서 몇 년간 지적장애인을 섬기는 교사를 했다. 1박 2일 여름 수련회를 마치고, 부모님들을 만나는 날이었다. 부모님들은 아이들을 만나자마자 몇 년은 못 본 것처럼 와락 껴안았다. 부끄러운 고백이지만, 누군가에게 상처가 될까 싶어 한 번도 꺼내지 못 한 말이었지만, 이 아이들의 부모님들은 자식에 대한 사랑이 적을 것이라고 생각했다. 매일 매여 있어야 하고 뜻대로 안되는 아이들 앞에서 몸도 마음도 지쳐 있으니, 1박 2일 동안 행복해했을 줄 알았다. 그런데 아니었다. 내 마음 속 편견이 너무 부끄러웠고, 여태껏 누구에게 들킬까 숨겨 두기만 했다.

대학교 졸업학기를 앞두고 파키스탄 대지진이 발생했다. 자원봉사 활동을 위해 히말라야 산맥 끄트머리를 타며 흰 눈으로 덮인 파키스탄의 자연을 오갔다. 그때 가슴이 뛰었고, 처음으로 졸업하면 NGO에서 일해 보겠다는 생각을 진지하게 해봤다.

외국인노동자, 장애인, 다문화가정, 해외구호의 경험까

지. 나 또한 내 속의 편견을 마주하고, 편견을 깨는 시간이었다. 스스로 부끄러운 순간도 있었고, 뿌듯했던 순간도 있었다. 내가 알게 된 세상도 부조리한 동시에 아름답기도 했다.

그리고 15년의 시간이 흘러 자립준비청년을 만났다. 모습은 다르지만 어릴 적부터 꿈꿨던 편견을 깨는 시간, 누군가를 섬기고 다른 삶에 힘이 되어 줄 수 있었던 시간들이 나에게 축복이고 행복이었던 것 같다.

"팀장님은 캠페이너들에게 어떤 사람으로 기억되고 싶으세요?"

한 라디오 방송국 녹음 부스였다. 한 시간이 훌쩍 넘도록 진행된 인터뷰 마지막 순간에, PD님이 예정에 없던 질문을 했다.

"저는 진정성 있는 사람으로 기억되고 싶습니다."

다른 목적을 이루기 위해서 자립준비청년을 도구로 사용하지 않았다는 것, 함께해 준 이들에게 진심이었으며, 최고의 시간을 만들기 위해서 최선의 힘을 다했다는 것을 기억해 주기를 바란다. 열여덟 어른을 환영하는 이 세상의 어른들이 더 많이 있다는 것을 알아주면 좋겠다. 나 또한 한 명의 어른으로서 이 세상에 나온 열여덟 어른의 존재를 기뻐하고 환영했던 시간들이었다.